L'ART d'être BELLE dans sa PEAU

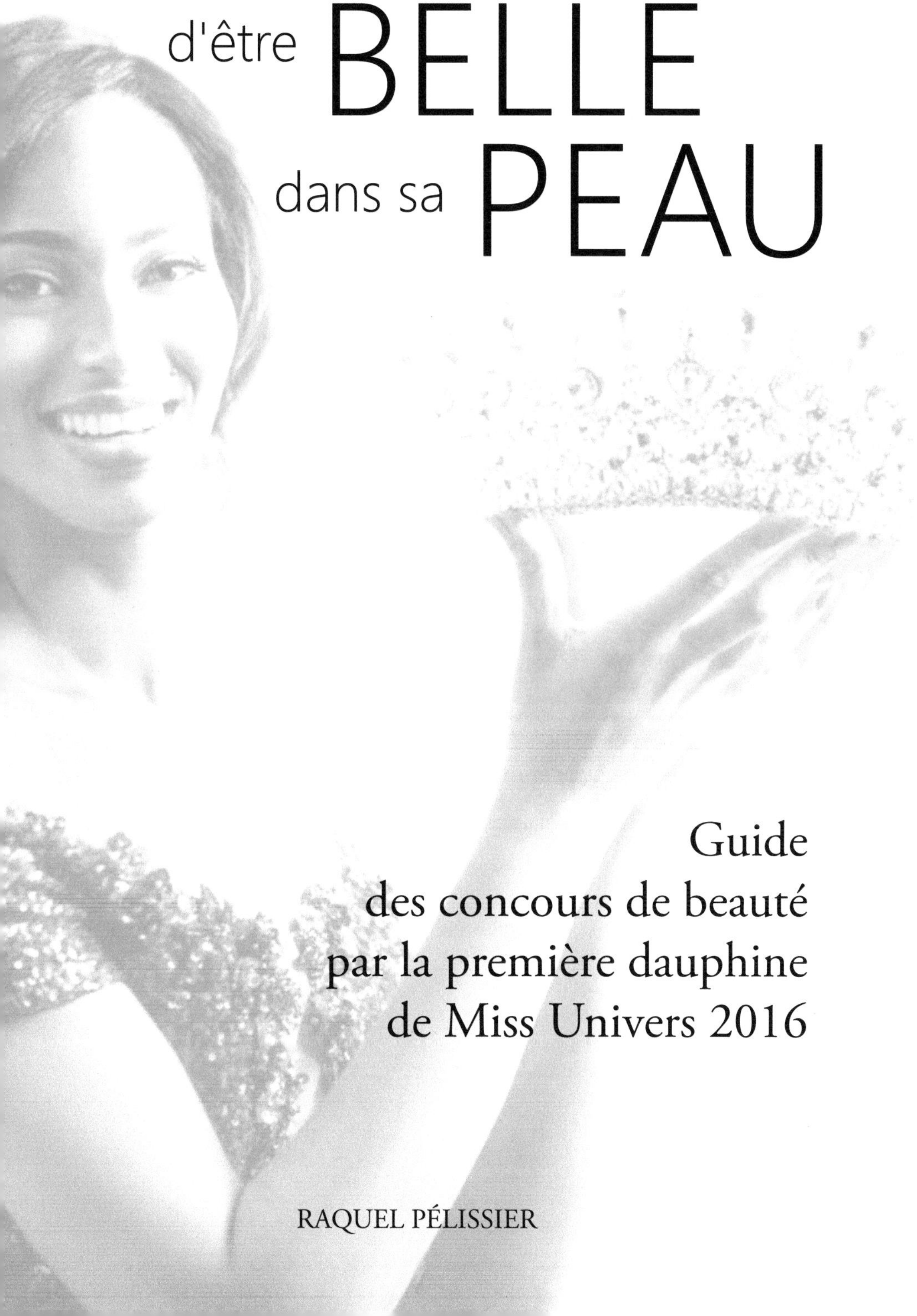

Guide
des concours de beauté
par la première dauphine
de Miss Univers 2016

RAQUEL PÉLISSIER

Correction, suivi et distribution
Communication Plus… Livres
complusa@yahoo.com

Couverture et mise en pages
Patrice Mathieu

Photo de la couverture
Raquel Pélissier
Photographiée par Hugue-Robert Marsan
Habillée par Mejeanne Couture

Illustrations
Anthony Louis-Jeune

ISBN : 978-99970-4-374-0

Dépôt légal No 17-05-324
Bibliothèque Nationale d'Haïti
Achevé d'imprimer en mai 2017

email : raquelpelissier@gmail.com

« Jésus lui dit : Parce que tu m'as vu, tu as cru. Heureux ceux qui n'ont pas vu, et qui ont cru. »

Jean 20, 29

« OSEZ RÊVER
ET NE LAISSEZ PERSONNE VOUS DIRE
QUE VOS RÊVES SONT TROP GRANDS. »

À ma grand-mère Kia, ma mère Galy, mon père Patrick et mon frère Patrick Jr. Sans vous je ne saurais où trouver ma motivation.

À mes amies, ma famille, particulièrement toutes mes cousines, mes fans et tous ceux qui ont cru en moi.

Sincères remerciements au comité de Miss Haïti, à MSC Plus, à Lory Jabon, à Lulu Orange et au groupe interminable de stylistes, designers, maquilleurs, photographes et entraîneurs qui m'ont accompagnée durant cette longue traversée.

AVANT-PROPOS

Ce guide est mon cadeau à toutes les jeunes filles qui hésitent à se présenter à un concours car elles se retrouvent perdues comme je l'étais moi aussi au début.

Ma mère, Galy, m'a souvent rappelée dès mon jeune âge qu'il n'y a pas d'ascenseur vers le succès. Il faut prendre l'escalier, marche par marche. On avance lentement, mais on est sûr d'y arriver. Souvent, dans la vie, on prend une initiative, mais par manque de persévérance on finit par l'abandonner. Cela m'était arrivé auparavant, mais cette fois-ci c'était différent. Je m'apprêtais à vivre l'expérience de ma vie et je n'étais prête à céder à aucun obstacle qui se trouverait sur mon chemin. « Je ne t'ai jamais vue aussi motivée » m'avait dit Patrick, mon frère aîné. En effet, j'avais découvert le vrai sens du mot passion, cette force qui me faisait vibrer et foncer vers l'avant, vers mes objectifs, quelles que soient les circonstances. L'opinion de mon frère comptait beaucoup à mes yeux vu qu'il a souvent raison. Il m'avait dit auparavant qu'à vingt-cinq ans j'éprouverais un fort désir de changer le monde. J'avais justement vingt-cinq ans et je comptais à tout prix améliorer l'image que le reste du monde avait de mon pays. Durant ces dernières années, j'étais fatiguée des mauvaises nouvelles concernant Haïti dans les médias. Mon pays méritait bien une visibilité positive.

Le 30 janvier 2017, cinq mois après mon couronnement officiel comme Miss Univers Haïti, je m'apprêtais à monter sur scène pour la 65e édition de Miss Univers à Manille, en portant pour la dernière fois le nom Haïti inscrit sur mon buste. Pendant ces cinq mois, je me suis préparée physiquement et mentalement pour cette compétition. Et le jour tant attendu était finalement arrivé. Pour certains, c'était juste un concours de beauté, mais pour moi c'était la plateforme idéale pour montrer à des milliers de spectateurs et à des millions de téléspectateurs qu'Haïti valait aussi la peine au niveau international. Être Haïti sur le plateau de Miss Univers a été un grand honneur pour moi. J'ai fait de mon mieux pour projeter l'image d'une candidate gracieuse et élégante. Je ne savais pas si je serais choisie parmi les favorites. Toutefois, au fond de moi, je restais confiante, je savais qu'une place devrait m'être réservée parmi les finalistes. Je me rappelais le proverbe que ma mère me citait souvent à propos du succès, de l'ascenseur et des escaliers. Moi seule savais combien de marches j'avais dû monter. J'étais épuisée, mais je savais que ces marches devaient me guider vers le succès. En tout cas, en théorie ça fonctionne comme ça. Les 85 candidates et moi, nous nous étions positionnées à nos places respectives en attendant le résultat des délibérations du jury. Qui seront les 13 finalistes qui auront à se battre pour la couronne ? Kenya. Indonésie. États-Unis. Mexique. Pérou. Panama. Colombie. Philippines. N'entendant toujours pas le nom de mon pays, les battements de mon cœur s'accéléraient. Canada. Brésil. France. Il ne restait plus qu'une seule place vu que la treizième finaliste est choisie par un vote du public. Steve Harvey, le maître de cérémonie, cria enfin : « Haïti ! ». J'avançai tout en sachant que ma mission commençait à ce moment précis. Miss Thaïlande gagna le vote du public ; elle se joignit donc à nous. Les membres du jury semblaient garder Haïti dans leur liste de favorites. Top 9. Top 6. Top 3. Top 2. Je me retrouvais à présent en face d'Iris, Miss France. La nouvelle Miss Univers est... Ces cinq secondes durant lesquelles Steve hésitait à annoncer la gagnante me paraissaient éternelles. Finalement, il cria « France ». J'étais, en conséquence, la première dauphine. Je pensais que cette expérience prendrait fin ce jour-là. J'avais tort ; elle venait tout juste de commencer. De nouvelles portes s'ouvraient pour moi. À ma grande surprise, j'ai été décorée au grade de « Grand'Croix Plaque Argent » par Son Excellence Monsieur le président Jocelerme Privert et nommée ambassadrice de bonne volonté des affaires culturelles et touristiques d'Haïti par son successeur, Son Excellence Monsieur Jovenel Moïse. De plus, durant mon séjour en Floride, où l'on retrouve l'une des plus grandes communautés haïtiennes vivant en dehors du pays, j'ai aussi été honorée lors de plusieurs soirées. J'ai reçu les clés de la ville de Miami, de celle de Miramar et du comté de Miami Dade et le 8 février a été proclamé « Jour de Miss Haïti Raquel Pélissier » à Miami Gardens par le maire de la ville, Oliver Gilbert.

Revenons à la toute première marche de l'escalier.

J'étais un peu perdue quand je me suis présentée au casting de Miss Haïti 2016. J'avais le grand rêve depuis l'enfance de devenir la toute première Miss Univers venant d'Haïti. Pourtant, je ne connaissais pas grand-chose sur les concours de beauté, donc je ne savais pas comment faire de ce rêve une réalité.

Pour moi, participer à ce concours c'était tout d'abord faire preuve de courage car je me mettais dans une position où la société pouvait me critiquer ouvertement et sans retenue. Cette expérience m'a rendue forte en tant que personne et j'ai appris à forger une opinion de moi-même indépendamment de ce que les gens disaient sur les réseaux sociaux. Ce n'était pas seulement mon cas mais aussi celui de plusieurs autres jeunes adultes du pays pleines d'ambition et dotées d'une grande vision. Nous étions toutes différentes, donc les commentaires variaient eux aussi. Certaines étaient critiquées pour leur chevelure, d'autres pour leur physique, leur denture, leur taille ou encore, comme c'était souvent mon cas, pour la couleur de leur peau.

Je suis une jeune Haïtienne, de teint clair, et souvent, là où je passais, je sentais que je devais prouver ma nationalité durant certaines entrevues avec la presse. La question que l'on me posait souvent était : « Qu'est-ce qui fait de toi une Haïtienne ? » C'était évidemment pour moi une insulte, car je suis née à Port-au-Prince de parents haïtiens et j'ai passé toutes mes années scolaires dans mon pays. Pourtant, certaines candidates de la diaspora haïtienne, nées à l'étranger, et n'ayant jamais vécu dans le pays, n'avaient pas à prouver leur nationalité autant que moi. C'était injuste puisque nous avions toutes étudié l'histoire d'Haïti dans laquelle nous avons appris que Catherine Flon avait arraché le blanc du drapeau français et avait cousu le bleu et le rouge symbolisant l'union des noirs et des mulâtres respectivement, en une seule et même nation haïtienne. La première nation noire libre dans le monde. Jusqu'à date, notre bicolore consolide cette nation avec le slogan « L'union fait la force ». Mes ancêtres se sont battus pour l'indépendance de ce pays, comme ceux de tout autre Haïtien. Je me demandais pourquoi donc cette exclusion.

Plus les jours passaient, plus j'admirais ces jeunes candidates avec qui je partageais cette expérience. Elles étaient devenues des combattantes qui pour rien au monde ne céderaient. « Tu es là, tu assumes » nous disait souvent Sabine, membre du comité de Miss Haïti, pour nous rappeler de nous concentrer sur notre but et d'oublier les contraintes externes. J'ai tout de suite compris qu'une miss n'abandonne pas.

Cette traversée m'a fait découvrir plusieurs habiletés que j'ignorais posséder et m'a appris à me battre et à garder ma tête droite de manière à atteindre les objectifs que je m'étais fixés. Cependant, le chemin vers le succès n'est jamais facile, et les marches de l'escalier devenaient de plus en plus nombreuses. Il faut souvent faire face à plusieurs obstacles avant d'atteindre la réussite. Ainsi, je m'aventurais vers mon premier échec.

Durant la première finale de Miss Haïti, la soirée durant laquelle on allait couronner la nouvelle Miss Monde Haïti, je me suis laissé emporter par le stress et mes émotions au moment de répondre à la question finale et j'ai été élue deuxième dauphine. Miss Monde n'était pas le concours qui m'intéressait, pourtant j'étais déçue parce que je n'étais pas fière de ma performance. Je valais plus que ce que j'avais montré au public ce soir-là. Il méritait de voir en moi une personnalité digne de représenter son pays au niveau international. Mais bon, l'échec est humain. Ce qui importe, c'est comment on réagit.

Tout a changé à partir de ce jour-là. Mes yeux se sont ouverts et ont découvert certaines choses que je n'avais pas envie de voir. J'ai remarqué plusieurs connaissances se réjouir de mon échec et j'ai tout de suite compris que je pouvais compter sur le bout des doigts ceux qui réellement me soutenaient. L'ambiance parmi les candidates avait également changé. Plusieurs étaient déboussolées de sortir perdantes et avaient vu leur rêve s'écrouler sous leurs yeux. Il y a eu beaucoup de tension. Ce n'est pas facile de gérer un groupe de douze jeunes adultes, surtout si elles ne sont pas contentes. Les membres du comité se sont encore réunis avec nous pour nous rappeler que le concours n'est pas terminé. Il restait encore deux couronnes à remporter. C'était le moment de redoubler d'efforts.

Je n'avais pas le temps de me distraire. Je n'avais que dix jours pour me reprendre et donner le meilleur de moi-même lors de la deuxième finale du concours où l'on couronnerait deux autres miss, la Miss Univers Haïti et la Miss Internationale Haïti. J'avais encore la chance de gagner la couronne qui m'intéressait et d'aller à Miss Univers, le concours de mes rêves. Du coup, je décidai d'oublier cette expérience qui aurait pu me paralyser et d'aller de l'avant. Ainsi, arriva finalement le 27 août 2016, jour où se jouait mon destin. Dix minutes avant de monter sur scène, je réalisai à quel point je voulais cette couronne puisque j'éclatai en sanglots dans les coulisses. Je m'étais rendu compte que c'était le moment où jamais de briller pour pouvoir passer au stade international. Du coup, j'essuie les larmes qui risquaient de gâcher mon maquillage, je reprends force et je retrouve le sourire. Je laisse mes émotions dans les coulisses et je respire profondément avant de monter sur scène.

Quand on a le privilège d'avoir une seconde chance dans la vie, il faut la saisir. Cette fois-ci, j'ai donné le meilleur de moi-même et j'étais confiante durant tout le spectacle. Je m'étais répété : « Je suis la gagnante », et après la soirée, cela a été confirmé quand la couronne de Miss Univers Haïti a été posée sur ma tête. J'étais également contente pour mon amie Cassandre qui a été couronnée Miss Internationale Haïti ce soir-là. J'ai beaucoup appris de Cassandre qui s'y connaissait mieux que moi car elle avait déjà participé à quelques concours de beauté en Floride. Un des plus grands moments pour moi au concours de Miss Haïti a été de partager cette réussite avec elle. Je n'avais jamais rien gagné auparavant dans ma vie, et recevoir cette couronne était pour moi un exploit. J'ai su que ce soir-là débutait un autre chapitre. En tant que Miss Univers Haïti, je ne voulais pas que le pays fasse une simple apparition sur le plateau de Miss Univers. Cela faisait quarante-deux ans depuis qu'Haïti n'avait pas été qualifiée comme finaliste de ce concours. La dernière fois, c'était en 1975 quand Gerthie David avait été élue première dauphine. J'ai souvent pensé que si Gerthie avait pu y arriver, moi aussi je pouvais. En tant qu'ambassadrice, j'avais une mission à l'étranger, mais aussi une autre au niveau national.

Être miss c'est être un modèle et une source d'inspiration pour toutes les jeunes filles. C'est une opportunité pour leur montrer que leurs rêves aussi sont accessibles. Un jour, j'ai reçu un message d'une jeune fille de dix-sept ans nommée Scheena du collège Marie-Reine Immaculée, qui voulait devenir la nouvelle miss de son école et avait besoin de mes conseils. J'ai décidé de lui rendre visite pour pouvoir partager avec elle et ses camarades de classe tout ce que je savais à propos des concours de beauté et du rôle d'une miss. J'étais heureuse de pouvoir être parmi elles pour répondre à leurs nombreuses questions et de pouvoir apporter une vraie contribution à la jeunesse dans la poursuite de ses rêves. Ainsi, j'ai décidé de continuer à visiter les écoles et à encadrer les jeunes filles.

Cependant, être partout en personne c'est compliqué. C'est l'une des raisons pour laquelle j'ai décidé de mettre sur papier tout ce que j'ai appris durant mon année de règne, de manière à ce que cet ouvrage serve de référence à toutes celles qui voudraient aussi, un jour, représenter leur pays. Ce guide est mon cadeau à toutes les jeunes filles qui hésitent à se présenter à un concours car elles se retrouvent perdues comme je l'étais moi aussi au début. J'ai beaucoup appris de ma mère Galy qui, depuis mon plus jeune âge, m'a transmis ses connaissances et ses valeurs. Bien que le monde des concours de beauté fût nouveau pour moi, son enseignement a été un atout car une miss doit savoir se comporter en société, connaître les manières de table et s'habiller adéquatement. Je compte partager les connaissances que j'ai acquises et aborder des points très importants sur l'étiquette et les convenances, dont une miss devrait tenir compte pour qu'elle soit la candidate parfaite pour représenter son pays.

J'ai été première dauphine à la 65e édition de Miss Univers à Manille, aux Philippines. Ce soir-là, je n'ai pas gagné la couronne mais je me suis sentie complète, car j'ai entendu près de vingt mille spectateurs présents au Mall of Asia Arena crier le nom de mon pays.

Donc, vous qui lisez ce livre, je ne vous dis pas seulement d'oser rêver, mais aussi d'oser lutter pour vos rêves. Dans les pages suivantes, je vous offre tout ce dont vous avez besoin pour devenir une miss digne de représenter son pays. Et surtout, n'oubliez pas : il n'y a pas d'ascenseur vers le succès. Préparez-vous à prendre l'escalier.

CHAPITRE 1

QU'EST-CE QU'UNE MISS ?

Souvent quand je rendais visite aux écoles de mon pays pour parler aux jeunes filles, une de mes premières questions était « Qu'est-ce qu'une miss ? ». J'ai réalisé que, souvent, elles ne pouvaient répondre à la question. Elles avaient plutôt tendance à décrire les qualités que, selon elles, une miss devrait posséder et à la fin de la longue liste qu'elles élaboraient, elles décrivaient une femme apparemment parfaite, probablement inexistante. Sans s'en rendre compte, elles rendaient ce titre inaccessible. Je leur ai fait comprendre qu'une miss n'est pas simplement une reine de beauté, elle est aussi une représentante ou encore une ambassadrice pour son école, sa ville, son pays. Elle est bien loin d'être parfaite, mais elle apprend chaque jour à être une meilleure version d'elle. Je pense qu'une miss a un double rôle : l'un, au niveau international, qui consiste à vanter les couleurs de son pays et l'autre, au niveau national, qui est d'inspirer la jeunesse et contribuer au mieux-être de la société à travers un projet qui lui tient à cœur.

La miss peut représenter son pays dans divers concours de beauté. Quiconque veut être reine de beauté de son pays doit viser loin, plus loin que la couronne nationale. Elle devrait tout d'abord se renseigner sur les différentes organisations concernées et savoir sur quels critères elles se basent pour choisir la gagnante. Elle devrait se poser les questions suivantes :

- Ai-je une préférence pour un concours ?
- Quelle organisation me convient le plus ?
- Me vois-je comme la représentante de *telle* organisation ?

Elle devrait apprendre de celles qui ont porté le titre qu'elle convoite dans l'organisation qui l'intéresse et chercher à savoir ce qu'elles ont réalisé durant leur année de règne. Personnellement, la première fois que j'ai regardé Miss Univers à la télé, c'était en 2011 quand l'Angolaise Leila Lopes a remporté la couronne à Sao Paulo, Brésil. Rivée à mon écran, j'ai assisté à sa victoire qui était pour moi la preuve qu'un petit pays peut sortir vainqueur. Depuis lors, j'ai suivi le parcours de Leila. Elle a gagné mon admiration et a été à l'origine de ma future participation à ce même concours.

De nos jours, il existe plusieurs concours de beauté. Votre objectif comme candidate est de vous adapter le plus que possible aux standards internationaux et au prototype de femme que cherche l'organisation qui vous intéresse, de manière à ce que, quand vous participez au concours national, le jury voie en vous dans l'immédiat la représentante qu'il aurait aimé envoyer à ce concours spécifique.

CHAPITRE 2

AVANT LE CASTING

Bien avant de se présenter au casting, il faut commencer par se préparer physiquement et mentalement plusieurs mois à l'avance. Débarrassez-vous de vos excuses et mettez-vous au boulot dès maintenant. Le succès ne vient qu'avec le travail et la détermination. Une miss se fixe des objectifs sur plusieurs plans. Durant cette période, si vous sentez que vous pouvez être découragée le long de votre parcours, c'est mieux de ne pas faire part de vos projets ou de les partager seulement avec vos proches dont le support est important.

1. Elle se prépare physiquement

Prenez le temps de sculpter le corps que vous souhaitez avoir. Vous pouvez vous inscrire au gym ou encore travailler avec un coach privé. Faire du sport et forger le corps dont on rêve est preuve de discipline, de consistance et d'un mental fort, des qualités recherchées chez une reine de beauté. Être active est aussi l'une des meilleures manières de stimuler le cerveau et de rester motivée.

Adoptez une diète saine. Traitez votre corps comme un temple en lui administrant des aliments qui lui font du bien. Évitez les fritures, la mal bouffe et un excès de glucides. Incluez des protéines dans votre régime alimentaire vu qu'elles jouent un rôle important dans la tonification de la masse musculaire. Consultez un nutritionniste qui peut vous aider à élaborer votre diète et à atteindre les buts que vous vous êtes fixés.

2. Elle soigne son apparence

Buvez beaucoup d'eau pour donner un éclat particulier à votre peau et soignez-la au moyen de traitements faciaux et corporels. Prenez soin de vos cheveux parce que durant le concours, l'excès de chaleur utilisée pour réaliser diverses coiffures risque de les abîmer. L'huile de coco est excellente en raison de ses bienfaits pour la peau et les cheveux. Elle rend la peau lisse et fait briller les cheveux.

3. Elle investit en elle-même et dans son éducation

Les concours de beauté ont souvent été critiqués pour leur superficialité, vu que plusieurs miss sont incapables de répondre de manière pertinente à la question finale. De nos jours, les différentes organisations qui prennent en charge ces concours cherchent une femme capable de s'adresser au public et d'aborder des thèmes sociaux, politiques ou même tabous. C'est le moment de démontrer que l'on n'est pas « une fleur sans odeur ».

Rien ne presse quand il s'agit de se présenter à un concours de beauté. Personnellement, j'aurais pu me présenter à vingt ans, cependant ma priorité était d'achever mes études. Je n'ai pas pour autant laissé ce rêve de côté ; j'ai compris que, de toute façon, terminer l'Université serait un atout à l'heure de me présenter au concours. Même si j'ai fait ce choix personnel, il n'est pas obligatoire d'avoir une carrière pour participer à un concours de beauté. Il existe bien d'autres moyens de s'éduquer de manière quotidienne. Lire et écouter les nouvelles aident à enrichir la culture générale.

Lire est une véritable gymnastique pour le cerveau. Il permet d'apprendre de manière active. Ouvrez un ou plusieurs livres, peu importe le genre littéraire (roman, nouvelle, biographie...) ou encore le sujet (histoire, art, psychologie...). La lecture permet d'ouvrir l'esprit et contribue au développement du vocabulaire indispensable au moment de s'exprimer.

Suivre l'actualité est aussi très important. Une miss devrait savoir ce qui se passe dans le monde et devrait pouvoir opiner sur les sujets d'intérêt général.

4. Elle s'implique dans des activités philanthropiques

Faire du volontariat dans une organisation ou assister à une activité caritative, telle marche contre le sida ou une collecte d'habits pour des enfants démunis, sont une bonne initiation à l'altruisme. Le but c'est de prendre l'habitude d'aider les gens autour de soi. Il peut s'agir également de divers actes de générosité tel assister un élève dans ses devoirs, faire un don de sang pour sauver la vie d'un accidenté ou encore supporter une cause à travers les réseaux sociaux et prendre conscience de l'impact que sa voix peut avoir.

5. Elle exploite la prise de parole en public

Il est important de savoir improviser, car plusieurs occasions peuvent susciter votre prise de parole sans qu'elle ait été planifiée. Il arrive parfois que, dû à la pression et au stress, on perde le fil de ses pensées. Avec un peu de pratique, ce problème peut être résolu. Savoir parler en public est un atout car une réponse pertinente durant la séance de questions, lors de la soirée finale d'un concours de beauté, peut être déterminante. Quand vous prenez la parole durant les entrevues ou les événements auxquels vous participez, faites en sorte que votre message ait du poids, porte une morale ou fasse référence à des personnalités que vous admirez. Vous pouvez aussi proposer des conseils personnels ou encore faire allusion à une leçon apprise durant votre vie.

Conseil :

Quand on vous pose une question, ne vous contentez pas de répondre, faites plutôt passer le message que vous voulez transmettre.

Pour améliorer sa prise de parole en public, il est recommandé de se procurer un livre sur l'art oratoire ou encore de se joindre à un club de communication où vous pouvez pratiquer et sortir de votre zone de confort.

6. Elle développe une habileté ou un talent

Certains concours ont un spectacle de talents. Si vous en avez un exploitez-le. Même si certaines organisations ne réalisent pas ce show, il est bien de faire la différence de manière à se mettre en évidence par rapport aux autres et à sortir du lot. Si vous pratiquez déjà une activité, continuez à l'exercer. Sinon, il est n'est jamais trop tard pour s'y adonner. Vous pouvez apprendre à peindre, à lire la musique ou à parler une nouvelle langue. Participez à de nouvelles activités de manière à ouvrir votre cercle de connaissances et à vivre de nouvelles expériences.

7. Elle nettoie ses comptes sur les réseaux sociaux

Les réseaux sociaux sont un outil important qu'une reine de beauté peut utiliser à son avantage pour se faire connaître et promouvoir sa plateforme. Pour cela, elle doit faire attention à ce qu'elle met sur ses comptes. Elle doit contrôler son langage et éviter de publier des photos ou vidéos dans les boîtes de nuit, en buvant, en fumant, en exposant son corps de manière vulgaire ou en faisant des danses obscènes.

Avant même de vous présenter au casting, c'est important de vérifier toutes vos publications depuis l'activation de vos différents comptes. C'est le moment d'effacer tout ce qui pourrait être utilisé contre vous lorsque vous participerez au concours.

Vos comptes sur les réseaux sociaux doivent être centrés sur vous comme reine de beauté tout en réduisant les publications sur votre vie personnelle. Il est donc important d'avoir des photos professionnelles et des publications en rapport avec votre parcours et votre plateforme. Si vous le préférez vous pouvez créer un compte professionnel en plus de votre compte privé. Cela ne veux pas dire que vos fans ne vont pas jeter un coup d'œil également à votre compte privé, donc il faut quand même effacer tout ce que vous jugez nécessaire.

CHAPITRE 3

LE CASTING

Le casting est la première activité au cours de laquelle il faut impressionner le comité d'organisation. C'est un moment décisif où les candidates sont choisies pour participer au concours. Il est convenable de soigner son apparence, de maintenir ses ongles propres et d'appliquer un maquillage naturel. Choisissez une coiffure qui vous sied et une tenue simple qui vous met en valeur, et surtout n'oubliez pas vos talons. Il faut projeter l'image d'une gagnante dès le casting en adoptant la bonne posture. C'est le moment de faire bonne impression pour pouvoir être sélectionnée parmi les candidates qui auront à se disputer la couronne.

Quand vous vous présentez au casting, il est important que vous sachiez déjà la réponse aux deux questions suivantes :

– Pourquoi voudriez-vous être miss de votre ville ou de votre pays ?

– Pourquoi devrait-on faire choix de vous comme miss ?

En d'autres mots, en tant que candidate, vous devez savoir :

– Pourquoi vous êtes là ?

– Pourquoi vous êtes celle dont l'organisation a besoin ?

1. Pourquoi vous voulez être miss de votre ville ou de votre pays ?

Cherchez à vous mettre en évidence en évitant les réponses trop communes. Pour se faire remarquer, il faut faire la différence. La plupart des candidates veulent devenir miss pour être un modèle pour les jeunes. Certes, vous voulez sûrement être un modèle vous aussi. Par contre, existe-t-il d'autres raisons, au niveau personnel, qui vous poussent à vouloir représenter votre pays que vous souhaiteriez ajouter à vos arguments ? Vous pouvez probablement attacher à ces derniers une histoire personnelle qui vous a poussée à vous lancer ce nouveau défi. Cette question est importante puisqu'elle dévoile la vraie intention de la candidate.

Conseil :

Quand vous parlez, et surtout quand vous répondez à cette question, évitez l'excès du « je » égocentrique ; remplacez-le plutôt par le « nous » car une reine de beauté est la voix de la nation.

« *Je veux prouver au monde que je ne suis pas seulement belle mais intelligente* » est bien *différent de* « *Je veux prouver au monde que nous, les femmes, nous ne sommes pas seulement belles mais intelligentes.* »

Je suis partie à l'étranger à dix-neuf ans pour étudier à l'Université Complutense de Madrid. C'était un grand changement pour moi car je laissais mes parents et j'emménageais seule à plus de sept mille kilomètres d'eux. Durant cette période, j'ai dû appliquer tout ce que j'avais appris de ma famille ou de mes professeurs pour forger ma nouvelle vie d'adulte. Je ne me suis pas mal adaptée à ce nouveau tournant de ma vie. Par contre, plusieurs fois, je me suis retrouvée dans des situations où j'étais la seule à avoir un point de vue face au reste de mes interlocuteurs étrangers. J'ai réalisé que la femme que je suis aujourd'hui, en qui concerne mon éducation, ma mentalité et ma façon de me comporter, vient du fait que je sois née et que j'aie grandi en Haïti. Vivre à l'étranger m'a permis de voir comment le reste du monde percevait mon pays. En Espagne, il y a vraiment peu d'Haïtiens, donc, pour plusieurs personnes, j'étais la seule référence et donc leur impression de moi serait une représentation de tous les Haïtiens. J'ai compris que pour cela je devais avoir un bon comportement. J'ai réalisé que je pouvais changer l'image de mon pays petit à petit autour de moi, et que si tous les autres faisaient de même, ce serait encore plus efficace car « tant vaut l'homme, tant vaut la nation ». Ainsi, bien avant d'être nommée ambassadrice de bonne volonté et d'être miss, je me sentais déjà ambassadrice de mon pays, et c'est l'une des raisons pour lesquelles je voulais être miss.

2. Pourquoi devrait-on faire choix de vous comme miss ?

Cette question est bien plus complexe que la première. Lors d'une entrevue d'embauche, la compagnie demande souvent au postulant pourquoi on devrait l'employer. Parfois, dans la vie il faut savoir se mettre dans la peau des autres et se demander quels intérêts ils ont, eux, à vous préférer à quelqu'un d'autre qui postule pour le même poste que vous. Un concours de beauté est pareil à une entrevue de travail, c'est juste sur une période relativement plus longue. Si vous êtes de nature modeste, vous ne pouvez pas le demeurer en répondant cette question, parce qu'il s'agit justement de vanter vos qualités et vos accomplissements pour démontrer que réellement vous êtes celle qu'ils recherchent. Peut-être que vous aimez aider les autres, que vous êtes une femme charismatique ou mieux encore une personne qui ne se décourage jamais face aux obstacles. Vous devez énumérez les atouts que vous possédez et qui font de vous la candidate parfaite, celle dont l'organisation a besoin.

CHAPITRE 4

LE CONCOURS COMMENCE

Lorsque le concours commence, il faut le prendre au sérieux et respecter les règles qui vous sont imposées. La compétition se déroule sur une période relativement longue, justement, pour que l'organisation prenne le temps de vous connaître et de découvrir avec qui elle a affaire. Ce n'est pas à son avantage de choisir une candidate ayant un caractère si difficile qu'il sera pénible de s'entendre avec elle pendant son année de règne. Durant toute l'épreuve, vous serez sous observation de la part du comité ou du staff composé de maquilleurs, photographes, coach, etc. En plus des règles du concours, certains points, selon moi, sont à prendre en considération.

1. Soyez bien mise

Un mannequin se prépare juste pour les deux ou trois heures de sa séance de photos ou pour l'événement pour lequel on a besoin d'elle. Une miss, par contre, doit être bien mise à tout moment. Elle se prépare chez elle et se maintient en beauté jusqu'à ce qu'elle y retourne. Il y a des cameras partout et une entrevue peut surgir à l'improviste. Avant de sortir de chez vous, prenez le temps de vous raser soigneusement, veillez à ce que vos ongles soient propres, avec un vernis de couleur neutre, et que vos vêtements soient correctement repassés. Appliquez un maquillage naturel et surtout ne gagnez pas les rues avec des rouleaux dans vos cheveux; coiffez-les chez vous et apportez ce dont vous aurez besoin dans votre sac au cas où vous auriez à les coiffer de nouveau. Chaussez vos talons, cependant n'hésitez pas à prendre des chaussures plus confortables avec vous.

2. Soyez ponctuelle

Dans un concours de beauté, où tout est programmé, il n'y a rien de plus agaçant que le manque de ponctualité. Être en retard est irrespectueux vis-à-vis de ceux qui vous attendent. Dans certains pays, comme ceux de la Caraïbe, culturellement les gens ont tendance à être en retard. Par contre, méfiez-vous; dans un concours international, les gens sont à l'heure et le manque de ponctualité diminue vos chances de gagner. La gagnante ne peut sous aucun prétexte rater son vol, arriver en retard à son entrevue en direct ou à tout autre événement prévu dans son long programme. Votre objectif, en tant que candidate, c'est de démontrer au comité organisateur du concours dans votre pays que vous êtes digne d'être envoyée à une compétition internationale en raison de votre ponctualité.

Conseil :
Arrivez dix minutes avant l'heure prévue.

3. Soyez souriante

Le sourire projette l'assurance et la confiance en soi. Il est fondamental chez une miss. Sourire envoie un message d'ouverture et de positivité aux gens autour de soi. Une miss devrait toujours avoir le sourire aux lèvres car elle doit pouvoir transmettre de la sympathie là où elle passe.

4. Soyez diplomatique

Parler avec diplomatie ne veut pas dire ne pas dévoiler ses opinions mais plutôt apprendre à les faire passer poliment sans offenser les autres. Même quand vous êtes en colère, prenez le temps de réfléchir avant de dire quoi que ce soit que vous pourriez regretter. Être diplomatique requiert souvent un certain recul pour évaluer en toute objectivité une situation et éviter de paraître impulsif. Prenez le temps de penser à vos mots de manière à adopter un langage clair, sans ambiguïté.

5. Ayez l'esprit ouvert

Une miss doit pouvoir respecter les opinions d'autrui sans pour autant les partager. Avoir l'esprit ouvert est un grand atout pour une miss car l'organisation dans son pays a intérêt à envoyer une représentante capable de s'adapter à d'autres cultures et de s'entendre avec des gens issus de milieux différents. Une reine de beauté représente son pays, certes, mais quand elle participe à un concours à l'étranger, elle doit démontrer qu'elle peut être une figure internationale, le profil de candidate que recherche l'organisation internationale .

6. SOYEZ HUMBLE

Une miss est bien loin d'être parfaite. Contentez-vous de toujours montrer votre côté humain. L'humain fait des erreurs et en tire des leçons. N'ayez pas peur de parler de vos échecs et de la manière dont vous les avez surmontés. Tout le monde n'est pas capable de parler de ses faiblesses. Ceux qui arrivent à le faire font preuve de courage et de résilience et sont susceptibles d'être admirés pour leur sincérité.

7. SOYEZ POSITIVE

Quand le concours commencera, vous aurez besoin de plusieurs moments à vous où vous pourrez méditer et rester concentrée sur votre but. Évitez de fréquenter des gens négatifs dont les jugements ou commentaires vous éloignent de vos objectifs. Entourez-vous de gens qui vous motivent et qui veulent vous voir réussir.

8. SOYEZ PRÊTE À FAIRE FACE AUX CRITIQUES

Du moment que vous devenez une figure publique, vous devez être consciente que vous recevrez des critiques sans filtres, que ce soit par Internet ou en personne. Une miss doit savoir accepter les critiques constructives. Elle doit apprendre à mettre ses sentiments de côté de manière à améliorer ses points faibles ou certains aspects de son attitude. Par contre, ignorez les critiques destructives visant exclusivement à vous blesser. Ne prenez pas de votre temps précieux pour y répondre. Gardez en tête qu'il est impossible de plaire à tout le monde. Dans ce cas-là, « le chien aboie, la caravane passe ». Une chose est certaine : durant cette expérience vous grandirez et vous apprendrez à être une version plus forte de vous-même. L'important c'est de se sentir bien dans sa peau et de continuer à aller de l'avant, indépendamment de ce que les gens pensent de vous.

9. Soyez sociable

Une figure publique doit être accessible et pouvoir communiquer régulièrement avec les gens autour d'elle. Évitez d'utiliser en permanence votre portable lors des événements sociaux de manière à vous impliquez un peu plus dans les conversations en cours.

10. Soyez ambitieuse

Croyez en vos potentialités et ne laissez personne vous dire que vos rêves sont trop grands. Il est important de se fixer des objectifs réalistes à court et à long terme et de réfléchir à des stratégies qui permettront de les atteindre progressivement. Ne renoncez pas tant que vous n'obtenez pas le résultat que vous désirez.

CHAPITRE 5

PENSER COMME UNE GAGNANTE

1. Se centrer sur soi-même

Dans un concours de beauté, c'est bien d'observer les autres candidates et de profiter de cette expérience pour apprendre d'elles. Pourtant, votre seule et unique rivale devrait être vous-même. Trop souvent, on a tendance à se comparer aux autres. L'une des plus grandes leçons que m'ont appris les concours de beauté c'est que, du moment que l'on se compare à ceux qui nous entourent, on est déjà perdante. Cela peut faire naître en soi certaine insécurité, donc c'est gaspiller une énergie que vous pourriez investir en vous-même. Vous ne pourrez jamais gagner au détriment de quelqu'un que vous copiez, parce qu'elle demeurera l'authentique. Soyez vous-même et n'hésitez pas à transmettre vos opinions même si elles sont différentes de celles des autres. Embrassez votre personnalité, votre essence et ce qui vous rend unique et n'ayez pas peur de les afficher.

2. Apprendre à se connaître

C'est impossible d'arriver loin dans une compétition de beauté sans savoir qui vous êtes. Pas celle que les gens vous croient être mais celle que vous êtes réellement. Prenez le temps de découvrir votre identité, vos qualités et vos défauts, vos points forts et vos points faibles, ce que vous aimez ou ce que n'aimez pas, les trois adjectifs qui vous définissent le mieux. Analysez votre vie et ce que vous avez appris de vos expériences. Continuez à exploiter vos points forts tout en cherchant des solutions pour atténuer vos points faibles. Parfois, se définir est difficile car on change et on évolue au fil du temps. Ainsi, cet exercise pour trouver ce qui réellement est caractéristique à vous requiert beaucoup de méditation.

3. Savoir raconter son histoire

En raison du grand nombre de candidates qui participent à un concours de beauté, votre nom peut passer au second plan. Ne vous laissez surtout pas perdre dans la foule. Même quand le jury ou le public peut ne pas se rappeler votre prénom, le nom de votre ville ou de votre pays, il se souviendra certainement de votre histoire si elle est captivante et inspirante. Il se rappellera *« celle qui a survécu au cancer et a décidé de lutter pour la prévention de cette maladie », « celle qui est active dans l'armée parce qu'elle considère qu'elle est aussi forte qu'un homme »* ou encore *« celle qui a décidé d'aider les personnes âgées parce qu'elle n'a pas eu l'opportunité de connaître ses grand-parents »*. Chacune d'entre nous a une histoire qui lui est unique. Ne la sous-estimez pas car elle vous rapproche des gens qui se retrouvent en elle et leur sert de motivation. À travers votre histoire, vous pouvez inspirer des milliers de personnes et marquer une différence dans leur vie.

4. Visualiser sa victoire

Votre objectif durant l'épreuve c'est de dévoiler la meilleure version de vous. Ayez confiance et croyez en vos potentialités. Vous pouvez avoir toutes les qualités que doit posséder une reine de beauté mais si vous ne croyez pas que vous pouvez gagner, vous ne gagnerez jamais. Vous devez visualiser votre victoire. Chaque matin quand vous vous réveillez, vivez le moment où l'on vous pose la couronne sur la tête. Le plus important quand on veut atteindre un objectif, c'est de travailler son mental. C'est un peu compliqué, car il s'agit de croire en quelque chose qui n'est pas *encore* vrai. Le bienfait de cette technique c'est qu'à force d'y penser on finit sans doute par y croire.

Même si votre niveau d'estime n'est pas aussi élevé, utilisez le principe *« fake it until you make it »* ; en d'autres termes, faites semblant et vous finirez par vous convaincre de vos affirmations. Pour être une gagnante, il faut agir et projeter l'image d'une gagnante de manière à ce que les autres vous perçoivent aussi comme telle.

5. Vaincre sa timidité

La timidité est l'une des faiblesses communes, elle affecte certaines personnes plus que d'autres. Pour vaincre sa timidité, il faut être prête à l'affronter. C'est-à-dire à s'exposer à des situations hors de sa zone de confort, quotidiennement, tels des cours d'art oratoire, la danse ou encore des conversations avec des gens nouveaux. Ainsi, au fur et a mesure, votre zone de confort se développera.

Il arrive souvent que la timidité soit liée à la peur de l'opinion d'autrui. La question « qu'est-ce que les gens vont penser de moi ? » peut hanter et paralyser les ambitions de quelqu'un.

Conseil :

Prenez le temps de méditez cette pensée : On n'a droit qu'à une seule vie sur terre. Voulez-vous vivre pour la société ou vivre sans limites la vie dont vous rêvez ?

CHAPITRE 6

ÇA BOUGE

Quand l'épreuve commence, c'est le moment de s'amuser tout en projetant sa personnalité dans les diverses activités prévues dans votre agenda, tels défilés, séances de photos ou vidéo, entrevues et événements.

1. Défilé

Il existe une différence entre la démarche d'un mannequin et celle d'une reine de beauté lors d'un défilé. Dans le cas d'un mannequin, l'attention doit être portée sur le vêtement; donc, sa démarche est relativement neutre, histoire de ne pas distraire le public. Par contre, quand il s'agit d'une miss, toute l'attention est portée sur sa personne. Elle est plus libre d'exposer sa personnalité, en souriant, en bougeant ses cheveux ou encore en tournant sur elle-même pour charmer le public. Elle défile avec plus d'attitude et de mouvements de hanche qu'un mannequin.

La différence entre un mannequin (à gauche) et une reine de beauté (à droite)

Dans les années 80-90, il existait une différence minime entre la démarche des mannequins et celle des reines de beauté puisque les mannequins étaient libres d'exposer leur personnalité autant que les miss lors des défilés. Par contre, les créateurs de mode défendant de plus en plus leur intégrité artistique, les excentricités ont cessé chez les mannequins. Elles sont passées au second plan de manière à mettre l'accent sur la collection des créateurs de mode. Ces derniers ont commencé à décider comment leurs mannequins devraient rentrer sur la scène, sortir et même poser. En général, les mannequins ne dévoilent pas leur personnalité au public à moins que cela ne leur soit demandé.

Ainsi, la candidate à un concours de beauté peut améliorer sa démarche sur scène en étudiant soit les reines de beauté ou encore les mannequins des années 80 ou 90 ayant une démarche exceptionnelle.

Voici quelques astuces pour affiner sa démarche :

- Tenez-vous droite tout en poussant vos épaules vers l'arrière, le cou bien droit, l'abdomen rentré de manière à projeter une image imposante.

- Laissez vos bras pendre tout au long de votre corps. Ne les balancez pas vu qu'ils bougeront naturellement quand vous défilerez. Un mouvement excessif des bras risque de distraire le public.

- Gardez un regard perçant et évitez de battre excessivement vos paupières.

- Défilez sur une ligne droite; faites passer un pied devant l'autre, tout en maintenant un grand intervalle entre eux, de manière à vous élancer vers l'avant.

- Lorsque vous posez votre pied par terre, le genou doit être bien étiré de manière à toucher le sol avec impact, tout en poussant votre hanche vers l'extérieur. Cette étape transforme radicalement votre démarche.

Conseil :

Lorsque vous défilez, veillez toujours à bien étirer vos genoux.

OUI
Genou bien étiré

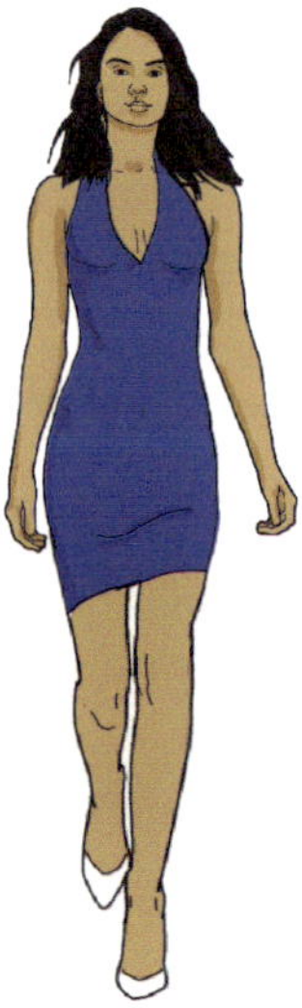

NON
Genou légèrement plié

Tout en tenant compte des principes de base, la démarche d'une miss varie selon ce qu'elle porte. Quand elle défile en maillot de bain, elle doit projeter l'image d'une femme fatale. Par contre, lorsqu'elle porte une robe de soirée, elle doit jouer sur sa sensualité afin de faire ressortir une image gracieuse et élégante.

Lorsque vous êtes miss, vos talons sont vos nouveaux pieds. Lors des concours internationaux, souvent il arrive de devoir rester sur ses talons plus de douze heures, jusqu'à la fin des activités prévues dans votre agenda. Il est convenable de porter vos talons le plus que possible de manière à vous y habituer et surtout à en profiter pour pratiquer votre démarche quotidiennement.

Sur scène, vous aurez l'occasion de prendre une ou plusieurs poses. Souvent, le coach du concours vous explique exactement combien de poses vous devez adopter et où les prendre. Ces poses d'environ trois secondes permettent aux photographes de vous capturer en photo ; elles doivent donc vous mettre en valeur. La « T pose » est une pose simple et classique des concours de beauté. Elle rehausse la silhouette de la femme, certes, mais elle exige beaucoup de pratique. De nos jours, avec l'évolution des concours de beauté, il est permis de poser en maillot de bain avec les jambes légèrement écartées. On peut également en profiter pour pivoter sur soi-même.

T-pose

Pose avec les jambes légèrement écartées

2. SÉANCE DE PHOTOS OU VIDÉO

Dans le monde du mannequinat, l'androgynie est largement acceptée. Par contre, dans les concours de beauté, c'est différent ; une miss embrasse sa féminité et sa sensualité. En tant que candidate dans une compétition, faites du miroir votre meilleur ami. Pratiquez vos poses et votre posture devant celui-ci et découvrez les angles qui vous favorisent le plus. Quand vous posez, vous devez charmer la caméra tout en accentuant l'intensité de votre regard. Une séance de photos ou vidéo est idéale pour dévoiler sa personnalité. N'oubliez pas de jouer avec vos membres supérieurs et inférieurs pour varier vos poses.

3. Entrevues ou événements

Avant d'aller à une entrevue avec la presse, renseignez-vous un peu sur les présentateurs qui vont vous interroger et sur l'émission à laquelle vous êtes invitée. Profitez des entrevues et des événements sociaux pour sympathiser avec les personnalités et leur faire part de votre plateforme ou de vos projets. Il est recommandé d'avoir des cartes d'autographe comprenant une photo professionnelle de vous, votre nom, votre titre, vos différents comptes sur les réseaux sociaux, votre email ou encore votre site web, que vous pouvez distribuer aux gens que vous rencontrez : fans, gens de la presse, personnalités ou encore sponsors potentiels.

CHAPITRE 7

UNE MISS A UNE PLATEFORME QUI LUI TIENT À CŒUR

En tant que reine de beauté, comment ou pour quelles contributions à la société voudriez-vous être reconnue ?

Une miss devrait utiliser la visibilité qu'elle gagne pour aider à faire la différence autour d'elle. Pour que son année de règne soit productive, il faut qu'elle pense à une plateforme dès le début. Il existe une grande variété de causes auxquelles vous pouvez vous vouer. Il est préférable que vous choisissiez une initiative qui vous tient à cœur, soit parce qu'elle est importante pour votre pays, soit parce qu'il s'agit d'une cause à laquelle vous vous identifiez à cause d'une histoire personnelle, ce qui vous donnera une force additionnelle pour lutter en faveur de celle-ci. Bien entendu, ce travail que vous commencez peut se poursuivre après votre année de règne. Plusieurs thèmes sont proposés ci-dessous, néanmoins vous être libre d'en choisir d'autres qui vous intéressent.

1. ÉDUCATION

Selon la Déclaration universelle des droits de l'homme, toute personne a droit à l'éducation. L'éducation joue un rôle fondamental dans l'édification d'une société. Les projets éducatifs peuvent être divers ; certains peuvent viser à réduire le taux d'analphabétisme dans un pays, offrir aux élèves du matériel scolaire, inculquer des valeurs et des notions de savoir-faire aux jeunes ou encore promouvoir la lecture.

2. VIOLENCE

La violence existe sous plusieurs formes. À l'échelle mondiale, plusieurs nations souffrent d'attaques perpétrées par des groupes terroristes. Dans certains cas, des individus sont victimes de violence dans leur pays ou encore sous leur propre toit. Des projets de lutte contre la violence peuvent viser à réduire la délinquance dans les rues, les abus sexuels sur les mineurs, la violence domestique ou encore la violence psychologique, comme dans les cas de *bullying* ou harcèlement qui est une cause de suicide.

3. Santé

Des projets visant à améliorer la santé peuvent être: la réduction de l'insalubrité en milieu rural, l'accès à l'eau potable, l'aide à des zones frappées par des épidémies, l'encadrement des gens atteints d'une maladie infectieuse telle le SIDA, la lutte contre l'obésité ou le cancer en préconisant une alimentation saine, des projets plus spécifiques sur la santé visuelle ou encore l'hygiène dentaire.

4. Environnement

L'environnement c'est chez nous, l'espace dans lequel on s'épanouit. Il est indispensable que l'homme vive dans un environnement sain et propre de manière à ce qu'il ne lui soit pas nocif. Notre monde fait face à de nombreux problèmes environnementaux qui diffèrent d'un pays à l'autre. Il est menacé par la pollution causée par les industries et les moyens de transport, par la déforestation et par la production excessive de déchets. Quelques solutions à ces problèmes seraient la sensibilisation pour la protection de l'environnement, des campagnes pour encourager le reboisement ou pour lutter contre le réchauffement de la planète.

5. Pauvreté

Des projets visant à réduire la pauvreté peuvent être : aider les démunis en distribuant de la nourriture ou des habits, encourager la production artisanale, offrir des matériaux nécessaires à de petits agriculteurs ou encore enseigner des habiletés spécifiques à des groupes de jeunes dans le textile de manière à ce qu'ils puissent produire leur propre marchandise.

6. Drogue

La lutte contre la consommation et la dépendance à la drogue est importante car celle-ci est nocive pour la santé. Les différents projets peuvent viser à l'encadrement des personnes souffrant d'addiction ou à la sensibilisation contre l'usage de cette substance, à travers les réseaux sociaux.

7. Discrimination

La discrimination se retrouve sous plusieurs formes : raciale, religieuse, de genre ou encore fondée sur l'orientation sexuelle. Les projets axés sur la tolérance et l'indulgence envers autrui constituent une solution pour éliminer la discrimination, tels le mouvement en faveur de l'égalité de genre, la parade pour l'acceptation des homosexuels ou encore la campagne de sensibilisation contre le racisme.

Le premier pas serait de choisir une cause importante, puis d'élaborer un ou plusieurs projets pour son amélioration. Le plan de votre projet devrait répondre aux questions suivantes :

Qui ? Quoi ? Quand ? Comment ? Pourquoi ?

Il est important de souligner les objectifs et l'importance de votre projet au sein de la société. Commencez par un projet attrayant par sa simplicité et la facilité à l'entreprendre, histoire de se familiariser un peu. Par la suite, vous pouvez entreprendre quelques projets plus compliqués qui dépendent d'un plus grand financement et de l'aide de sponsors, organisations et autres.

Vous pouvez lutter pour votre cause physiquement et parallèlement utiliser les réseaux sociaux pour sensibiliser ceux qui vous suivent. De nos jours, les réseaux sociaux peuvent vous aider à médiatiser votre plateforme. Les journées internationales sont aussi l'occasion de s'impliquer dans la lutte pour une cause à l'échelle mondiale. Si vous choisissez de vous joindre à une cause en particulier, n'oubliez pas de vous y adonnez davantage durant le jour ou le mois qui lui est dédié. Le calendrier de l'Organisation des Nations Unies (ONU) compte, jusqu'à date, une centaine de journées internationales ou mondiales dont certaines sont très populaires. En voici quelques-unes :

4 février :	Journée mondiale contre le cancer
8 mars :	Journée internationale des femmes
21 mars :	Journée internationale pour l'élimination de la discrimination raciale
22 mars :	Journée mondiale de l'eau
7 avril :	Journée mondiale de la santé
23 avril :	Journée mondiale du livre et du droit d'auteur
31 mai :	Journée mondiale sans tabac
5 juin :	Journée mondiale de l'environnement
12 juin :	Journée mondiale contre le travail des enfants
8 septembre :	Journée internationale de l'alphabétisation
17 octobre :	Journée internationale pour l'élimination de la pauvreté
25 novembre :	Journée internationale pour l'élimination de la violence à l'égard des femmes

1er décembre : Journée mondiale de la lutte contre le SIDA

3 décembre : Journée mondiale des personnes handicapées

10 décembre : Journée internationale des droits de l'homme.

Plusieurs mois ont été également déterminés par les gouvernements ou organisations internationales pour sensibiliser les gens sur des causes importantes. Le mois d'octobre est dédié à la sensibilisation autour du cancer du sein pour mettre l'accent sur la prévention et la lutte contre cette maladie qui est parmi les premières causes de mortalité due au cancer chez les femmes. Dans certains pays comme les États-Unis, on célèbre aussi le mois de l'Histoire des Noirs en février et le mois de l'Histoire des femmes en mars pour célébrer leur contribution au sein de la société.

CHAPITRE 8

UNE MISS EST UNE AMBASSADRICE

Avec le nom de son pays inscrit sur son écharpe, la reine de beauté passe au second plan. Elle devient la représentante de son pays, ce qui revient à dire qu'il est important qu'elle le connaisse bien. Elle doit pouvoir répondre à toutes les questions qu'on lui pose à son sujet et savoir comment le présenter sur différents plans : touristique, historique, politique, culturel ou social.

Une miss doit garder un point de vue réaliste et objectif. Il ne s'agit pas de vanter tous les aspects de son pays mais plutôt de reconnaître ses atouts et les secteurs dans lesquels une amélioration est requise. Elle doit se concentrer sur ce que son pays a à offrir. Par contre, elle ne doit pas se retenir si elle veut donner son opinion sur certains aspects, tels peut-être la problématique de la violence ou encore un meilleur statut social pour les femmes. Avec sa visibilité, elle peut réellement utiliser sa voix pour prôner le changement autour d'elle.

Une miss doit être capable de faire découvrir son pays, son histoire, sa culture, ses coutumes. Elle doit pouvoir présenter :

- Sur le plan culturel, la gastronomie de son pays, la musique, les danses typiques, les traditions, la littérature, l'art ou encore l'artisanat.
- Les sites attrayants pour les touristes, les différentes activités disponibles et la saison idéale pour visiter. Chaque pays attire des visiteurs grâce à ce qui lui est caractéristique. C'est un moyen idéal pour promouvoir le tourisme dans son pays.
- Les monuments historiques ou les dates charnières de l'histoire de son pays.
- Sur le plan social, une description des gens de son pays en ayant comme référence des personnalités nationales.

Quand on participe à un concours international, il est également important de prêter une attention particulière à son costume national, aux souvenirs et aux cadeaux que l'on apporte avec soi.

1. Le costume national

Le costume national offre l'opportunité d'exposer sa culture. Ce dernier n'est pas nécessairement une robe traditionnelle, il peut aussi être inspiré par divers aspects caractéristiques du pays utilisés de manière créative pour exhiber sa splendeur et éblouir le public.

2. Les souvenirs

Il est recommandé d'apporter des souvenirs typiques de son pays aux autres candidates ou au staff. Ces souvenirs peuvent être des articles qui reflètent votre culture ou encore des produits locaux, artisanaux ou industriels. Bien que ce soit un geste facultatif, c'est un signe de gentillesse qui est largement apprécié. Il faudrait donc savoir exactement combien de candidates participent au concours pour pouvoir s'organiser de manière à ce que chacune en reçoive. Étant donné qu'il s'agit de souvenirs que vous apporterez en grand nombre, il vaut mieux trouver des articles de petite taille et à coût réduit.

3. Les cadeaux

Il vous est souvent demandé d'apporter des cadeaux pour les autorités que vous allez rencontrer ou des articles pour des ventes aux enchères. Souvent, on vous dit exactement combien amener. Il est important de choisir avec soin des articles caractéristiques de sa culture ou de son pays. Comparativement aux souvenirs, ces cadeaux doivent être un peu plus recherchés, de plus grande valeur et d'une meilleure présentation.

CHAPITRE 9

LA FEMME

Selon moi, une miss est une femme forte et une combattante qui a confiance en elle. Elle est une figure féminine influente dans son pays et sert de modèle à la jeunesse. Souvent, elle est inspirée, elle aussi, par les exploits d'autres femmes contemporaines ou ancrées dans l'Histoire.

Le thème *femme* est très courant dans les concours de beauté qui sont une plateforme où l'on célèbre sa beauté, extérieure aussi bien qu'intérieure, sa grandeur et ses nombreuses contributions à la société.

Il est important de bien connaître le statut de la femme à travers le monde vu qu'il existe un grand fossé entre les femmes de différents pays et plus précisément entre le monde occidental et le monde oriental. Il est aussi indispensable de connaître la place que la femme occupe dans la société dans laquelle vous vivez et ce que vous pouvez faire pour l'améliorer.

Pendant plusieurs siècles, la femme a été perçue comme le sexe faible, et son rôle consistait à s'occuper du foyer et des enfants. Avec la Révolution industrielle et la Première Guerre mondiale, la présence des femmes sur le marché du travail s'est accrue. Les hommes devant se rendre sur le champ de bataille, les femmes se retrouvèrent bel et bien dans l'obligation de sortir du foyer pour aller travailler et soutenir leur famille. Depuis lors, l'évolution de la femme au sein de la société continue. Plusieurs droits, tels le droit de vote, accordé en 1893 pour la première fois aux femmes en Nouvelle-Zélande, et des années plus tard, celui de travailler sans l'autorisation de leur mari ont permis aux femmes de grimper l'échelle sociale. Dans plusieurs pays, la lutte pour l'émancipation de la femme demeure active. Celle-ci devient de plus en plus indépendante tout en se battant pour l'égalité de genre dans toutes ses dimensions : politique, économique, juridique et sociale. De nos jours, on retrouve des femmes à la tête d'une entreprise ou d'une organisation ou encore chef d'État ou de gouvernement.

En dépit de ces acquis, la discrimination de genre se fait souvent sentir. Comme le dit Eleanor Roosevelt, *« personne ne peut vous faire vous sentir inférieure sans votre consentement »*. Il est important de reconnaître sa valeur de manière à ce que les autres vous respectent et vous apprécient à votre juste valeur. Il faut lutter pour éliminer cette mentalité de supériorité ou d'infériorité, car les hommes et les femmes sont égaux et méritent un traitement égal.

La Journée internationale de la femme est une date à garder en mémoire de manière à inspirer les jeunes femmes et à les pousser à se battre pour atteindre leurs objectifs quels qu'ils soient, sans se fixer des limites. Bien que plusieurs féministes n'approuvent pas les concours de beauté, ces derniers offrent, selon moi, une plateforme qui favorise l'autonomisation de la femme car ils l'aident à vaincre son insécurité, lui permettent d'exploiter ses potentialités et de gagner de l'assurance. Il se peut que l'on vous demande de parler d'une femme que vous admirez et d'expliquer pourquoi. Dans ce cas, il convient de faire référence aux femmes qui, pour vous, ont été un modèle ou une inspiration.

CHAPITRE 10

LES SOINS

1. Le sourire

- **La denture**

Avoir un sourire de charmant est indispensable dans un concours de beauté. Une bonne hygiène dentaire, entre autres choses, vous aide à atteindre cet objectif. La denture devient, désormais, un élément-clé de votre sélection. Afin d'améliorer votre sourire, il est recommandé de consulter un dentiste spécialisé en esthétique dentaire vu qu'il dispose de plusieurs techniques pour vous donner le sourire d'une gagnante et le rendre le plus ravissant possible. Par contre, avant de réaliser un traitement esthétique quelconque, il est indispensable de faire un contrôle pour vous assurer que vos dents sont saines. Le blanchiment des dents est attrayant, car il rehausse le charme. Toutefois après celui-ci, il faut éviter la consommation d'aliments et de boissons contenant des colorants, tels le vin, le thé, le café, la sauce de tomate, le Coca-Cola, certains jus, le chocolat et des mets contenant du curry ou du safran, etc. Il est recommandé de se brosser les dents après chaque repas avec un dentifrice blanc de manière à éviter que les aliments les tachent.

La pose de facettes dentaires est une solution possible dans le cas de dents abîmées, mal alignées ou encore pour modifier la forme et la taille des dents. Elle consiste en une intervention durant laquelle on superpose de fines plaques de céramique ou de composite sur les dents antérieures. Cette technique offre la possibilité d'avoir un sourire attrayant vu que les proportions des dents jouent un rôle important dans l'équilibre et l'harmonie du visage.

- **Les lèvres**

Il n'existe rien de plus désagréable que des lèvres craquelées. Avant d'appliquer quoi que se soit sur ses lèvres, celles-ci doivent être lisses et bien hydratées. Si ce n'est pas le cas, vous pouvez les exfolier avec un mélange de sucre et d'huile de coco en utilisant le doigt et, ensuite, les essuyer en frottant légèrement avec une serviette mouillée avec de l'eau chaude. Ceci permettra d'enlever les cellules mortes de vos lèvres et de rendre les lisses et attrayantes.

2. Les ongles

Les ongles reflètent le niveau de propreté de quelqu'un. Une miss doit toujours avoir les ongles des mains et des pieds propres et bien limés. Il est recommandé de porter un vernis à ongles de couleur neutre de manière à ce qu'il soit assorti à plusieurs tenues. Lorsque le vernis commence à sortir, il est impératif de l'enlever entièrement ou de prendre le soin d'en poser un autre. Il existe aussi des vernis permanents qui permettent de conserver une manucure ou pédicure durant deux semaines ou plus. Toutefois, il ne faut pas en abuser vu que ceux-ci abîment les ongles.

3. La peau

La pilosité chez les femmes a un aspect inesthétique et peu féminin. Il est recommandé de raser les zones où se localisent les poils (telles que les aisselles, les jambes au complet, le « bikini », etc.) de manière à projeter une apparence plus nette. Il est aussi important d'hydrater la peau du visage et du corps avec des huiles telle l'huile de coco qui donnent un éclat exceptionnel. Les traitements faciaux pour nettoyer la peau du visage, à la surface et en profondeur sont aussi excellents.

4. Le maquillage

Une miss doit être toujours bien maquillée. Elle doit savoir appliquer son propre maquillage car dans les concours internationaux, en plusieurs occasions, elle aura à le faire elle-même. Cela requiert de la pratique. C'est la raison pour laquelle elle doit prendre le temps d'apprendre à mettre ses traits en valeur durant la période de préparation au concours.

Lorsque l'on se maquille, il est important de choisir un fond de teint qui est exactement de la couleur de sa peau et qui aide à dissimuler les imperfections. Dans les concours de beauté, une grande attention est portée au regard. On ne peut négliger l'importance d'avoir de beaux yeux accentués par des sourcils bien épilés. Apprenez à vous maquiller les sourcils de manière naturelle car leurs formes permettent de restructurer le visage. De plus, l'ajout de cils additionnels est idéal pour mettre en valeur l'expressivité du regard.

Il existe plusieurs types de maquillage. Il peut arriver que l'on soit trop ou pas assez maquillée pour un événement. Ainsi, il convient de savoir quel type de maquillage est approprié pour les différentes occasions. Il faut savoir différencier :

- **Le maquillage de jour**

  C'est un maquillage naturel faisant usage de couleurs très proches du teint. Le rouge à lèvres doit également être d'une couleur proche de celle des lèvres. Évitez un fard à joue foncé et ne maquillez pas vos paupières excessivement ou avec du noir. Il s'agit d'un maquillage léger et idéal pour une entrevue avec le jury dont la plupart des membres veulent voir la beauté naturelle des candidates.

- **Le maquillage du soir**

  Le soir, des couleurs plus vives et plus foncées, tels le noir sur les paupières ou encore le rouge sur les lèvres, rehaussent avec un peu plus d'intensité les traits du visage. C'est le *look glamour,* idéal pour les soirées.

- **Le maquillage de scène**

Sur scène ou lors d'une séance de photos, les lumières intenses de la salle ou de la caméra ont tendance à pâlir le maquillage et rendent le visage terne. Dans ce cas, il est nécessaire de l'intensifier en utilisant des couleurs plus foncées que celles du maquillage du soir. À l'œil nu, le maquillage paraît extravagant. Par contre, pour l'audience ou la caméra, c'est parfait.

5. La coiffure

Dans un concours, la chevelure joue un rôle très important, et une candidate doit toujours avoir les cheveux propres et bien coiffés. Il est bon de varier la coiffure pour ne pas ennuyer avec le même look tout le temps. Ceci nécessite un minimum de planification, car tous les styles de coiffure ne favorisent pas toutes les formes de visage. Quand vous choisissez un look, vous devez le faire en fonction de la structure de votre visage de manière à ce que celui-ci vous mette en valeur. Il est important d'adopter une coiffure qui correspond à son âge. L'idéal est d'avoir des cheveux avec beaucoup de volume. On peut s'ajouter des extensions pour créer un look exceptionnel.

CHAPITRE 11

LA GARDE-ROBE

1. LE CODE VESTIMENTAIRE

La première impression est toujours cruciale, qu'il s'agisse de concours de beauté ou de la vie de tous les jours. Cette impression se communique à travers l'apparence et l'attitude, et une fois qu'elle est ancrée, il est difficile de la changer. Pour faire bonne impression durant les différentes activités du concours, il faut premièrement que le code vestimentaire soit respecté et que l'on porte une tenue appropriée à l'événement. Le style et la mode sont une touche additionnelle qui permet de relever la tenue. Bien qu'ils passent au second plan, ils constituent la clé pour se faire remarquer.

Les codes vestimentaires sont importants dans un concours de beauté pour guider les candidates. Ils dépendent le plus souvent de l'heure à laquelle a lieu l'événement. On en distingue quelques-uns : le *Casual*, le *Smart-Casual*, la tenue de cocktail et la tenue de soirée.

- **Le Casual**

Ce code fait référence à une tenue décontractée (jeans, t-shirts) qui reste cependant élégante et stylée. Dans un concours de beauté, on porte une tenue *Casual* avec des talons bien que, dans la vie de tous les jours, ce code vestimentaire ne les admet pas. Les chaussures peuvent être à talons aiguilles ou décontractés comme les talons compensés, les bottes ou les bottines.

La tenue décontractée

- **Le Smart-Casual**

Ce terme un peu ambigu indique le port d'une tenue élégante sans être pour autant formelle. Ce code exclut les jeans et t-shirts, cependant, il admet une liste d'options variées comprenant des robes arrivant aux genoux, des *jumpsuits* (combinaisons) ou encore des complets stylés. Choisissez une tenue qui a de la classe et des couleurs attrayantes.

Différentes options pour s'habiller selon le code vestimentaire Smart-Casual

- Tenue de l'entrevue

Dans certaines compétitions, aucun code n'est précisé pour la tenue de l'entrevue privée avec les membres du jury, ceci pour laisser une place à la touche personnelle des candidates. Il est bien de choisir une tenue stylée et ayant de la classe qui reflète sa personnalité. On peut porter n'importe quelle tenue tout en restant le plus formel que possible dans la catégorie *Smart-Casual*, tels pantalon et veste, robe, combinaison. Évitez les décolletés trop accentués. La tenue de l'entrevue fait aussi partie des tenues importantes du concours puisque c'est pour la première fois que vous vous retrouverez en face du jury, il est donc impératif de s'habiller de manière remarquable pour se distinguer des autres.

Conseil :
N'improvisez pas la tenue de l'entrevue, prenez le temps de la choisir et de l'essayer avant le jour J.

- **Tenue de cocktail**

Dans un concours de beauté, ce code vestimentaire est souvent précisé pour un événement après 5 heures p.m. Il indique une robe courte qui peut se porter durant la soirée. Elle est plus chic que celle du code *Smart-Casual* car le tissu avec lequel elle est confectionnée est approprié pour la soirée. Elle peut comprendre de la brillance, de la transparence, ou peut être parée de pierres ou de paillettes. Traditionnellement, les robes de cocktail arrivent aux genoux, cependant, de nos jours, il est permis de porter une robe légèrement au-dessus des genoux ou encore une robe midi, qui arrive entre le genou et le mollet. Il est idéal d'avoir plusieurs robes de cocktail car ce code est généralement précisé pour plusieurs activités.

Différentes options pour s'habiller selon le code vestimentaire tenue de cocktail

- **Tenue de soirée**

Une robe de soirée est une robe longue et minutieusement élaborée. Elle est portée lors des événements formels tels bals, galas ou soirée tapis rouge. Pour le concours de beauté, on peut ajouter à sa garde-robe des robes de soirée venant d'un prêt-à-porter, mais l'idéal est de vous les faire confectionner sur mesure pour qu'elles soient parfaitement adaptées à votre silhouette. Le sur-mesure permet aussi d'avoir une robe personnalisée de style unique.

La tenue de soirée

La robe de la soirée préliminaire est l'une des robes les plus importantes du concours, car c'est lors de cette soirée qu'il est impératif de se faire davantage remarquer, de manière à être choisie parmi les finalistes qui se battront pour la couronne le jour de la finale. Ainsi, la meilleure robe devrait être réservée à la soirée préliminaire. La robe de la finale doit aussi être exceptionnelle. Il est permis d'utiliser la robe de la soirée préliminaire pour la finale.

La longueur de la robe est aussi un facteur très important : ni trop longue ni trop courte. La longueur est parfaite lorsque la robe, vue de face, effleure le sol même s'il est permis d'avoir une traîne à l'arrière. Pour cela, il faut déjà savoir avec quelles chaussures on voudrait porter ses robes de soirée avant de les faire confectionner. S'il s'agit d'une robe de prêt-à-porter, lors de l'essayage, il est également impératif d'apporter ses chaussures au cas où des ajustements seraient nécessaires.

Conseil :
Choisissez une robe de soirée qui va avec la couronne.

- Comment prendre ses mesures ?

À chaque fois que l'on se fait confectionner une robe, il est nécessaire de bien prendre ses mesures pour qu'elle épouse la forme de son corps.

Il est convenable de prendre les mesures suivantes avec les talons que vous comptez porter avec la robe en question :

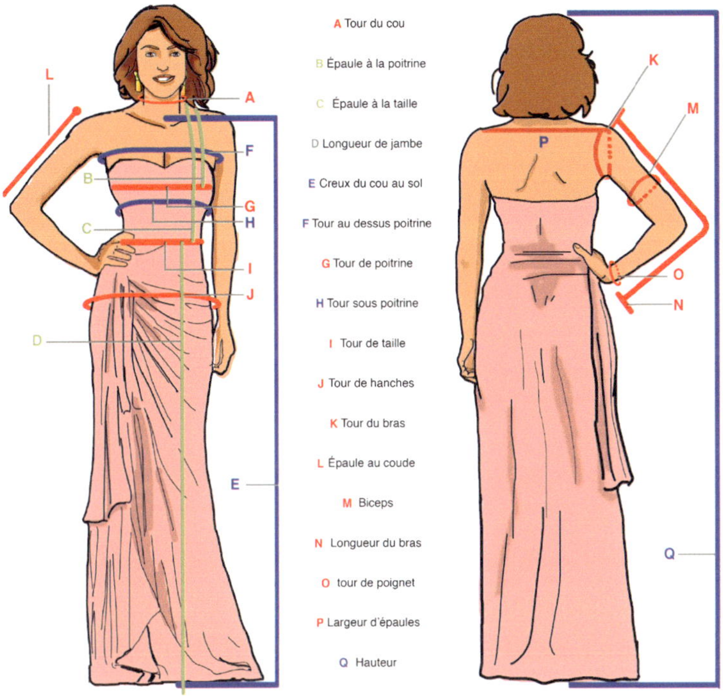

Les paramètres indispensables pour la confection d'une robe sur mesure

2. LE MAILLOT DE BAIN

Lorsque le maillot de bain fit son apparition dans les concours de beauté, c'est le modèle une pièce qui était porté avant d'évoluer au bikini, le plus utilisé de nos jours.

Le choix des différents modèles de maillots de bain dépend des diverses activités tels : séances de photo ou vidéo ou encore défilés.

Toutefois, s'il existe une compétition de maillots de bain dans le concours auquel vous participez, le port d'un bikini est le plus certain. Dans ce cas, vous devez prendre le temps de choisir le bikini le mieux adapté à la forme de votre corps pour la soirée préliminaire et la soirée finale.

La forme et la couleur sont des facteurs importants au moment de choisir le maillot de bain idéal pour vous. Il doit favoriser votre silhouette, tout en cachant le plus que possible vos imperfections. Il faudrait également choisir la couleur et le style du maillot de bain en accord avec la couleur de sa peau et avec sa personnalité, de manière à ce qu'il vous mette davantage en valeur. Il existe différents modèles de maillots de bain :

- **Le maillot de bain une pièce**

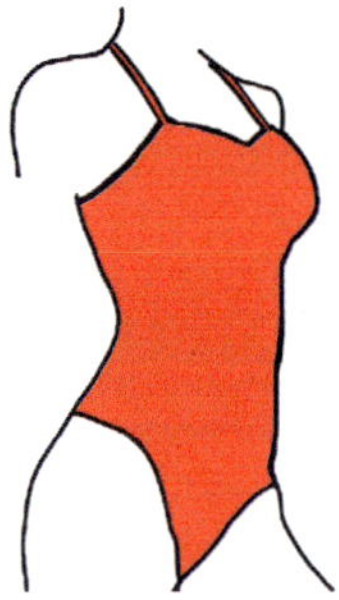

Le maillot de bain une pièce couvre tout le haut du corps ce qui permet de cacher le ventre et d'exposer les jambes.

- **Le bikini**

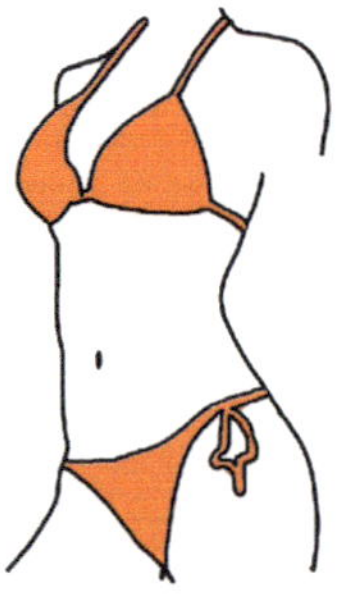

Le bikini, tel qu'il est connu aujourd'hui, fait son apparition le 5 juillet 1946. Inventé par Louis Réard, le bikini est présenté pour la première fois dans une piscine à Paris et provoque un grand choc au sein de la société. Monsieur Réard dit avoir choisi le nom « bikini » en référence à l'atoll de Bikini, aux îles Marshall, lieu d'essai des bombes atomiques où débute une opération qui provoque une grande explosion nucléaire. Il compare le choc provoqué par son nouveau produit au sein de la société à cette explosion qui faisait l'actualité.

Il s'agit d'un maillot de bain à deux pièces dont les modèles sont variés.

Le **haut du bikini** peut être en forme de triangle, triangle foulard, bandeau, à balconnets, à col montant, etc.

- Le bikini classique ou en forme de triangle est composé de deux parties principales de forme triangulaire qui cachent les seins et sont reliées par des ficelles qui s'attachent au cou et au dos.
- Le triangle foulard comprend des bretelles plus larges que le modèle classique.

Le haut de bikini en triangle

Le haut de bikini en triangle foulard

- Le bandeau est un haut de bikini de forme horizontale, avec ou sans bretelles.

Le bandeau

Le bikini à balconnets ressemble à un soutien-gorge classique à armatures qui possède deux balconnets dans lesquels reposent les seins.

Le haut de bikini à balconnets

Le bikini à col montant est un haut qui recouvre le haut du buste et arrive à la base du cou.

Le haut de bikini à col montant

Le haut d'un bikini peut également comporter une armature, idéale pour un meilleur soutien de la poitrine, ou encore avec rembourrage, qui rehausse celle-ci grâce à un effet push-up.

Le **bas d'un bikini** est aussi diversifié : culotte classique, slip brésilien, *shorty*, à taille haute, etc.

La culotte classique recouvre la majeure partie des fesses.

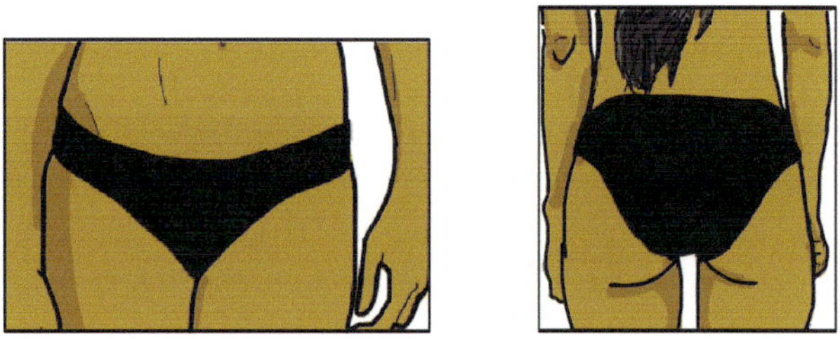

La culotte classique vue de face et de dos

Le slip brésilien est une variante plus échancrée de la culotte classique, cachant l'essentiel dans la partie antérieure et laissant à découvert une grande partie des fesses.

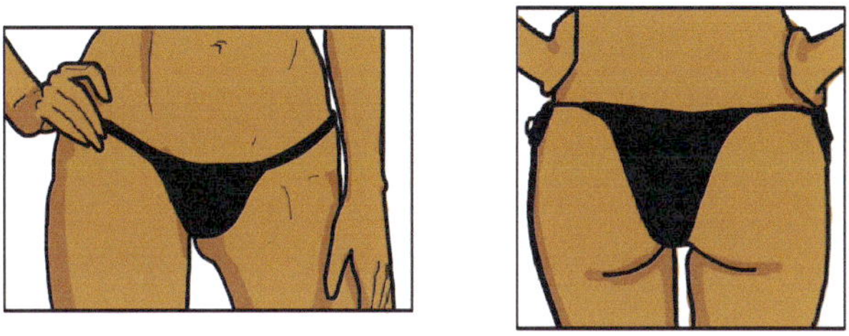

Le slip brésilien vu de face et de dos

Le *shorty* est une culotte de taille basse, de forme rectangulaire.

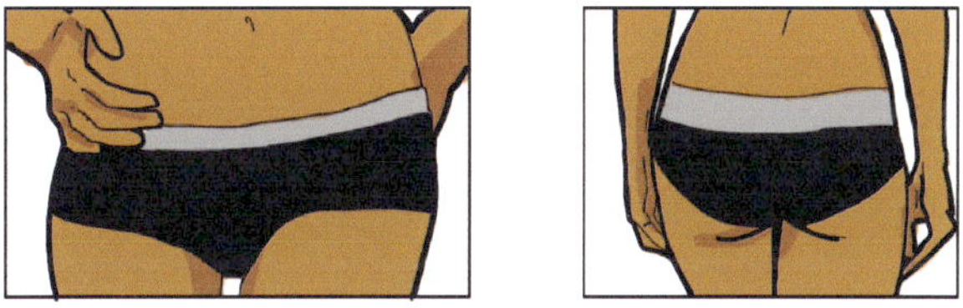

Le shorty vu de face et de dos

Le bas d'un bikini à taille haute, comme dans le cas des retro bikinis, permet aux jambes de paraître plus élancées.

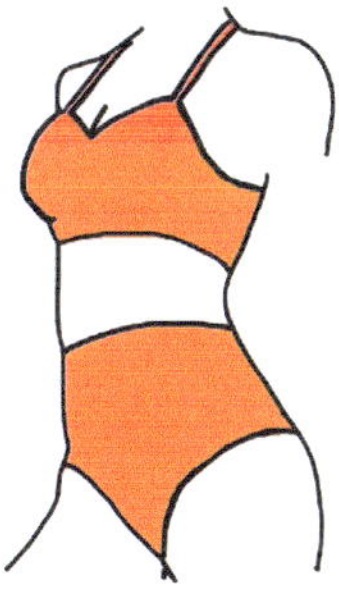

Le rétro bikini

Pour la soirée préliminaire et la finale, le port d'une culotte classique, quel que soit le modèle, qui recouvre la majeure partie des fesses est le plus fréquent.

- **Le trikini**

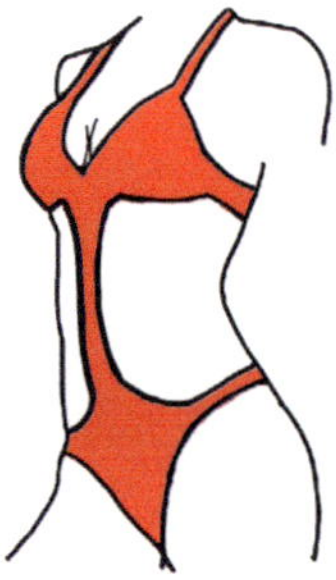

Le trikini ressemble à un bikini quand on l'observe de dos. C'est un maillot de bain composé d'un haut et d'un bas reliés par une bande verticale qui passe sur le ventre.

- **Le monokini**

Le monokini, connu à partir des années 60, fit scandale dès son apparition. C'est le précurseur du topless. Il se composait d'une culotte avec des bretelles passant autour du cou, laissant la poitrine à découvert.

Le monokini des années 60

Cependant, de nos jours, on appelle monokini toutes sortes d'hybrides entre un maillot de bain une pièce et un bikini, comprenant des découpes devant, derrière ou sur le côté.

Ceci le rend très proche du trikini, et souvent ces deux termes se confondent.

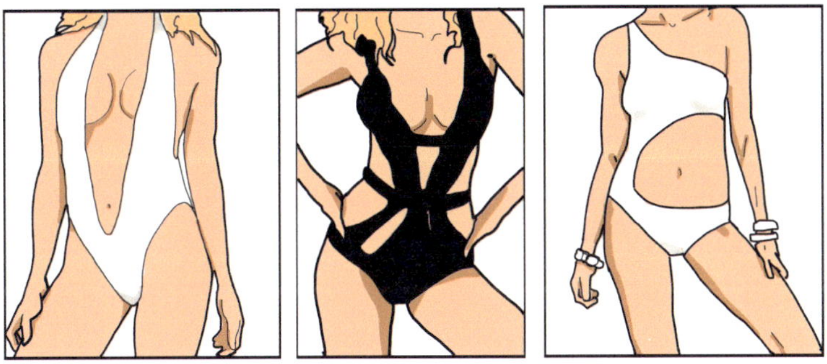

Les différents modèles de monokinis modernes

- **Le tankini**

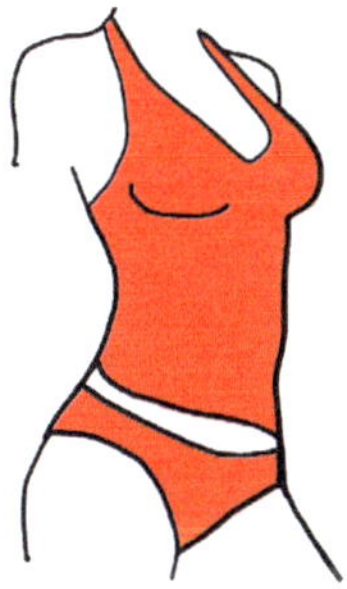

Le haut du tankini ressemble à un débardeur qui recouvre le ventre. Les deux pièces du maillot de bain restent pourtant distinguables, laissant apparaître la peau de celle qui le porte à travers un petit espace horizontal au dessus des hanches.

3. LES CHAUSSURES À TALONS

À l'origine, les talons étaient portés par les hommes. Adoptés par l'aristocratie européenne, ils représentaient un signe d'autorité. Seuls les gens aisés qui ne faisaient pas un travail ardu pouvaient se permettre de porter des chaussures aussi inconfortables. Les femmes commencent à porter des talons dans le but de projeter, elles aussi, une image autoritaire. De nos jours, les talons sont un signe de féminité. Bien qu'ils constituent un élément de torture pour les pieds, savoir marcher avec classe et élégance sur des talons est primordial pour séduire le jury et le public.

Les chaussures à talons se composent principalement de :

- la tige : la partie supérieure qui recouvre le pied.
- la semelle : la partie inférieure sur laquelle repose la plante des pieds et qui est en contact avec le sol.
- le talon : la partie rigide à l'arrière de la chaussure qui est fixée sous la semelle et qui est en contact avec le sol. Le talon permet d'avoir une meilleure posture et de mettre en relief la forme de la femme.

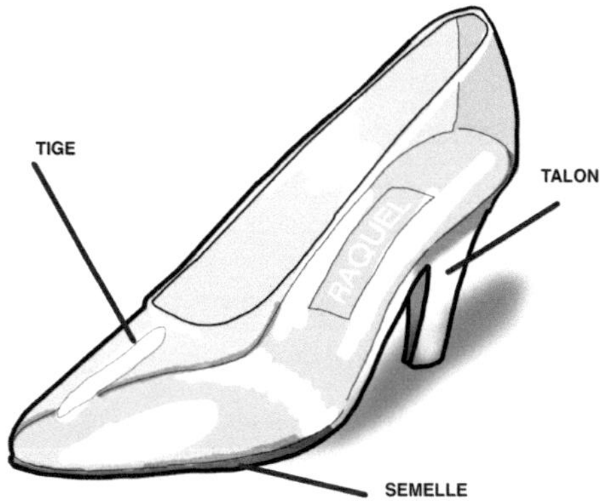

Les différentes partie d'une chaussure

Il existe plusieurs types de talons :

- Entre 6 et 10 cm : talons moyens
- Plus de 10 cm : talons hauts.

Plus le talon est haut, plus la silhouette paraît élancée. Comme le dit Christian Louboutin, « pour vous sentir femme, portez des talons. Pour vous sentir déesse, porter douze centimètres ».

Les principaux talons que l'on retrouve généralement dans un concours de beauté sont les talons aiguilles et les talons carrés pour des événements chics ou encore les talons compensés pour une activité plus informelle.

- Talons aiguilles : talons très effilés, généralement de hauteur moyenne ou haute.
- Talons carrés : talons plus stables que le talon aiguille de par sa forme.
- Talons compensés : talon qui forme un seul bloc avec la semelle. Ce talon offre plus de confort et de stabilité que les deux premiers.

Le talon aiguille **Le talon carré** **Le talon compensé**

Selon les activités, on peut choisir différents types de chaussures à porter :

- **L'escarpin**

L'escarpin est une chaussure fermée et décolletée, laissant apparaître le cou-de-pied. Il porte une fine semelle et dont le talon a une hauteur minimale de 4 cm.

On le retrouve également en divers modèles tels que :

- l'escarpin à bout ouvert, laissant apparaître les orteils

- l’escarpin à bride arrière
- l’escarpin d’Orsay dont la tige est coupée en deux parties : une antérieure et une postérieure.

L’escarpin

L’escarpin à bout ouvert

L’escarpin à bride arrière

L’escarpin d’Orsay

- **Le stiletto**

Lorsqu’un escarpin porte un talon très effilé d’une hauteur de plus de 10 cm, il est appelé stiletto. C’est une chaussure très chic, à fine semelle et généralement très cambrée. Les stilettos donnent l’illusion d’avoir de longues jambes.

Il est important de différencier la hauteur des chaussures de la cambrure. Contrairement à la hauteur qui fait référence à la mesure des talons en centimètres, la cambrure représente l’inclinaison du pied dans la chaussure. Une chaussure peut être à très hauts talons sans pour autant être cambrée, comme c’est le cas des plateformes. À plus de 12 cm de hauteur, pour que les chaussures restent confortables, elles doivent posséder des plateformes.

- **La chaussure à plateforme**

Il s'agit d'une paire de chaussures (escarpin, sandale, botte, etc.) qui possède une plate-forme à l'avant. Des chaussures idéales pour les concours de beauté car elles permettent de gagner de la hauteur, pour être encore plus remarquable, tout en étant moins douloureuses. Il convient d'en avoir plusieurs paires.

- **La sandale**

La sandale est une chaussure ouverte comprenant des bandes laissant apparaître les pieds.

- **La chaussure Mary Jane**

Il s'agit d'une paire de chaussures comprenant une bride horizontale sur le cou-de-pied.

- **Le salomé**

Le salomé est une chaussure comprenant une tige verticale sur le cou-de-pied, liée à une tige horizontale au niveau de la cheville.

Pour des **activités plus informelles**, on peut porter :

- **Les chaussures à semelle compensée et les espadrilles**

la chaussure à semelle compensée peut être n'importe quel type de chaussure montée sur des talons compensés.

L'espadrille compensée est une chaussure qui possède une semelle compensée à corde tressée. Elle est généralement faite de toile ou d'autres matériaux.

- **Les bottes, cuissardes, *low boots* et bottines**

Les bottes sont des chaussures dont la tige recouvre complètement le cou-de-pied et qui montent généralement jusqu'au mollet ou au genou. Si elles arrivent jusqu'à la cuisse, il s'agit de cuissardes.

On distingue d'autres modèles de chaussure qui sont plus courts que les bottes tels que :

- les bottines dont la tige arrive au-dessus de la cheville.
- les *low boots* dont la tige s'arrête sous l'os de la cheville.

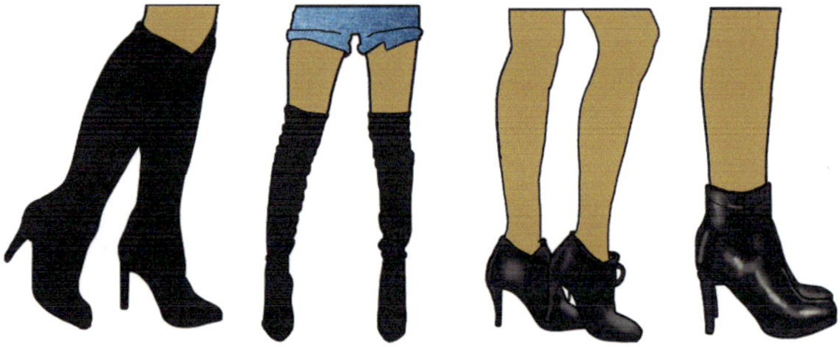

Les bottes **Les cuissardes** **Les *low boots*** **Les bottines**

4. Les accessoires : sac et bijoux

- **Le sac**

Votre sac à main doit être assorti à votre look et approprié à l'événement auquel vous assistez. Dans le cas du code vestimentaire *Casual*, on peut porter des sacs à main de grande taille. Cependant, dans toutes les autres occasions qui requièrent plus de classe et d'élégance, il vaut mieux utiliser des sacs en forme d'enveloppe ou des pochettes qui sont de plus petite taille.

Le sac enveloppe

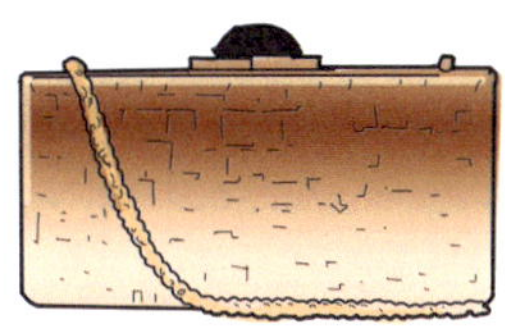

La pochette

- **Les bijoux**

Les bijoux donnent une touche finale à la tenue. Pour les choisir, on tient compte de plusieurs facteurs tels la coiffure, la forme et la dimension du visage, le style de sa tenue. Il est bien de porter des bijoux remarquables sauf pour l'entrevue où il faut rester simple afin de ne pas distraire le jury avec vos accessoires.

5. LES CONVENANCES

1. Il faut savoir distinguer ce que l'on peut mettre durant la journée de ce qu'on peut porter pendant la soirée. Généralement, les tissus parlent d'eux-mêmes. Durant la journée, on met des tenues de couleurs gaies et on évite des décolletés trop profonds. Pour

la soirée, on peut, par contre, porter des tenues en tissu de couleur métallique ornées de paillettes ou de pierres.

2. Rien de plus désagréable que des sous-vêtements qui apparaissent. Il est nécessaire d'avoir des culottes de couleur chair et différents types de soutien-gorge de manière à ce que leurs bretelles n'apparaissent pas quelle que soit la tenue que vous portez.

3. Il faut toujours porter son écharpe de miss pour assister à un événement où vous êtes invitée.

4. En présence d'autorités, il convient de porter des chaussures fermées et une tenue classique, sauf si l'événement requiert le port d'une robe de soirée.

5. Il faut absolument avoir quelques paires de chaussures de couleur neutre, tels le noir ou le beige uni, qui conviennent à plusieurs tenues.

CHAPITRE 12

ÉTIQUETTE ET COMPORTEMENT

Devenir reine de beauté vous propulse sous le feu des projecteurs. Ainsi, il convient d'avoir un comportement exemplaire, de manière à influencer positivement son entourage. Porter le nom de sa ville ou de son pays inscrit sur son buste devient alors une grande responsabilité. Les concours de beauté et la politique sont étroitement liés. Les miss et les politiques doivent tous faire des apparitions à des événements sociaux, présenter leurs projets ou convaincre les gens de voter pour eux.

Les miss auront, à maintes reprises durant leur année de règne, l'occasion de rencontrer des figures publiques telles que maires, ambassadeurs ou encore Président de la République.

Il est indispensable qu'elles aient des notions d'étiquette et de convenances. Elles doivent savoir comment saluer les personnalités ou s'adresser à eux, comment se présenter, s'asseoir ou être instruites du comportement à adopter lors des événements sociaux. Quand une reine de beauté fait son apparition dans un lieu où elle a été invitée, elle doit porter son écharpe, accompagnée ou pas de sa couronne, selon l'activité en question. Les convenances mentionnées dans ce chapitre peuvent s'appliquer également aux candidates.

1. LES SALUTATIONS

Lorsqu'on arrive quelque part, la moindre des politesses c'est de saluer. Il existe divers types de salutation :

- **Le salut à la foule**

Le salut à la foule, geste pour lequel est connue une reine de beauté, est élégant et gracieux. Ce signe de la main, popularisé par la famille royale britannique, consiste à hausser le bras au niveau des épaules et à opérer une légère rotation du poignet, de l'intérieur vers l'extérieur. C'est le geste le plus connu de la reine Elizabeth II à travers le monde.

- **Le salut de la tête**

Quand une reine de beauté fait son entrée à une cérémonie à laquelle elle a été invitée, l'idéal pour elle, c'est de saluer les gens qui l'entourent par une inclinaison de la tête et, tout en gardant le sourire, d'attendre les présentations.

- **Le salut avec la main**

Dans certains cas, on peut échanger une poignée de main pourvu que l'on s'assure de ne rater personne, ce qui serait interprété comme un manque de respect. Quand on vous présente quelqu'un, que l'on soit gaucher ou droitier, on offre toujours la main droite. Il faut également tendre une main ferme.

- **Le salut avec une bise**

La bise est un mode de salut plus intime, donc on le réserve à des gens que l'on connaît. Dans ce cas, pour des raisons d'étiquette et d'hygiène, il est recommandé de poser sa joue contre celle de la personne, car ce n'est pas agréable de lui salir le visage avec son rouge à lèvres.

- **Le salut civique**

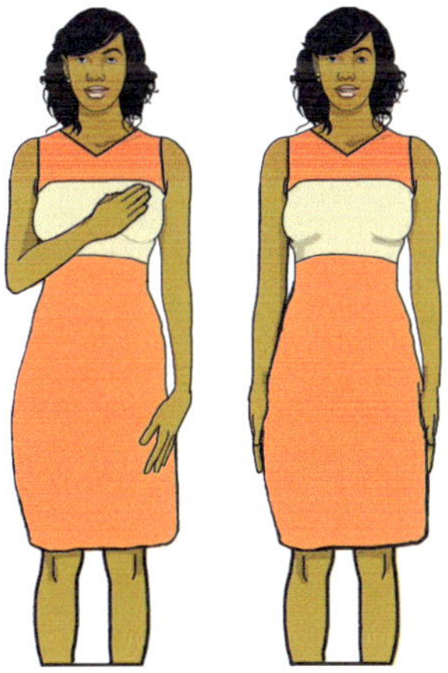

Les différentes poses pour le salut civique

Lors des événements civiques, tels le salut au drapeau ou encore l'exécution de l'hymne national, on pose la main droite sur le cœur ou encore on peut laisser les bras pendre le long du corps. Il est important de connaître l'hymne national de son pays car c'est un signe de patriotisme.

- **Le baisemain**

Le baisemain, quoique tombé en désuétude, est un geste empreint de courtoisie et de galanterie d'un homme envers une femme. Lors d'une présentation, il se peut qu'une personnalité décide de vous baiser la main en signe d'admiration. Alors, il convient de lui tendre avec souplesse le dos de sa main. L'homme

doit légèrement s'incliner en faisant le geste de la révérence et déposer le baiser à la naissance du poignet, sans le toucher réellement avec ses lèvres.

2. LES PRÉSENTATIONS

Faire des présentations requiert la connaissance de notions de savoir-vivre. Quelles soient formelles ou informelles, les présentations obéissent à des principes basés sur l'âge, le genre ou encore le rang des individus. Il faut bien les considérer de manière à ce que cela soit fait correctement.

On présente toujours une personne plus jeune à une plus âgée. D'autre part, la femme a toujours la priorité sur l'homme, à moins que ce dernier ne soit beaucoup plus âgé qu'elle. Dans ce cas, il convient d'inverser la présentation, dû à la préséance de l'âge sur le genre.

Dans un cadre professionnel ou formel, la position hiérarchique devient le facteur le plus important. Ainsi, si un homme a une position ou un rang professionnel plus élevé qu'une femme, il convient que la femme lui soit présentée.

- **Tendre la main**

C'est toujours à la personne à qui l'on fait la présentation d'offrir la main, et de prendre la parole en premier. Lorsqu'une reine de beauté est invitée à un événement social auquel assistent des autorités, tel le maire de la ville, elle doit leur être présentée, car ils ont un statut plus élevé qu'elle. Dans ce cas, elle doit attendre que cette personnalité lui tende la main.

Parallèlement, il se peut qu'on lui fasse certaines présentations – plusieurs invités peuvent, en effet, vouloir faire sa connaissance. Dans ce cas, il lui revient de tendre la main en premier et de prendre la parole en utilisant des formules simples comme : *« C'est un plaisir »*, *« Je suis enchantée de faire votre connaissance »*, tout en gardant le sourire sur les lèvres.

- **Se présenter soi-même**

Il arrive qu'une miss ait à se présenter elle-même, que ce soit lors de réunions avec les membres d'une organisation caritative avec laquelle elle aimerait collaborer ou encore avec des sponsors potentiels pour ses projets personnels. Dans ce cas, elle salue en tendant la main, tout en faisant part de son nom et de son titre.

3. Comment s'asseoir en public

Quand on arrive dans un lieu, il est impoli de s'asseoir sans que l'on ait été autorisé. Lorsqu'une reine de beauté est invitée à une activité sociale, une place spécifique lui est généralement réservée ; donc attendez que l'on vous dirige vers votre siège.

La manière classique de s'asseoir d'une miss est très élégante. Quand vous vous asseyez, inclinez vos jambes légèrement sur le côté, joignez-les ou encore croisez-les au niveau des chevilles. Placez vos mains sur vos cuisses et gardez le dos droit ; surtout ne l'appuyez pas sur le dossier de la chaise.

Les différentes manières de s'asseoir

4. Quand se lever

Lorsque vous êtes présente à un événement auquel assiste une autorité, tels un ambassadeur, un maire ou encore le Président de la République, il faut se lever quand elle fait son entrée.

Il est également convenable de le faire quand vous êtes face à une personne qu'on vous présente, pour la saluer en lui offrant votre main.

5. Comment s'adresser aux gens

Quand on parle à une personne âgée, à une personnalité ou à des gens que l'on connaît à peine, c'est préférable de les vouvoyez, sauf s'ils vous autorisent à les tutoyer. De plus, il est très impoli d'interrompre son interlocuteur. Il faut attendre qu'il ait fini de parler avant de prendre la parole.

- **Titre de civilité**

Quand on s'adresse à une personnalité, il faut utiliser le titre qu'il porte. Tous les dirigeants, qu'il s'agisse d'un cadre politique, diplomatique, militaire ou encore entrepreneurial, en ont un. Sous l'influence des mouvements féministes, dans certains pays, il est admis que les titres, généralement au masculin, changent de genre lorsque le poste est occupé par une femme. On dit, par exemple, Madame la Ministre au lieu de Madame le Ministre. Par contre, dans les pays conservateurs, il se maintient au masculin. Pour s'adresser aux femmes dont le mari occupe une des fonctions mentionnées ci-dessous, on dit tout simplement « Madame ». Il en est de même pour les hommes, on dit tout simplement « Monsieur ». Et voilà quelques titres :

PERSONNALITÉS POLITIQUES

FONCTION	TITRE	POUR S'ADRESSER À EUX
Président de la République	Son Excellence	Votre Excellence Excellence Monsieur le Président
Ex-Président	Monsieur le Président	Monsieur le Président
Premier ministre (ex-Premier ministre)	Monsieur le Premier ministre	Monsieur le Premier ministre
Secrétaire d'État	Monsieur le Secrétaire d'État	Monsieur le Secrétaire d'État
Président du Sénat ou de la Chambre des députés	Monsieur le Président	Monsieur le Président
Sénateur	Monsieur le Sénateur	Monsieur Monsieur le Sénateur
Député	Monsieur le Député	Monsieur Monsieur le Député
Maire	Monsieur le Maire	Monsieur Monsieur le Maire
Délégué	Monsieur le Délégué	Monsieur ou Monsieur le Délégué
Vice-Délégué	Monsieur le Vice-Délégué	Monsieur le Vice-Délégué

MEMBRES DU CORPS DIPLOMATIQUE ET CONSULAIRE

FONCTION	TITRE	POUR S'ADRESSER À EUX
Nonce apostolique	Excellence Monsieur le Nonce Monseigneur	Excellence Monseigneur
Ambassadeur ex-ambassadeur	Son Excellence Monsieur l'Ambassadeur	Monsieur l'Ambassadeur
Ministre Plénipotentiaire	Son Excellence	Monsieur le Ministre
Consul	Monsieur le Consul	Monsieur le Consul
Chargé d'affaires	Monsieur le Chargé d'affaires	Monsieur le Chargé d'affaires

MILITAIRES

FONCTION	TITRE	POUR S'ADRESSER À EUX
Général	Général	Général Mon Général*
Colonel	Colonel	Colonel Mon Colonel**
Amiral	L'Amiral	Amiral
Commandant	Commandant	Commandant Mon Commandant***

* Les femmes disent tout simplement « Général », contrairement aux hommes qui disent « Mon Général ».
** Les femmes disent tout simplement « Colonel ».
*** Les femmes disent tout simplement « Commandant ».

FONCTIONS DIVERSES

FONCTION	TITRE	POUR S'ADRESSER À EUX
Recteur d'Université	Monsieur le Recteur	Monsieur le Recteur
Doyen	Monsieur le Doyen	Monsieur le Doyen Monsieur
Professeur	Monsieur le Professeur	Maître
Professeur de médecine	Monsieur le Professeur	Monsieur Docteur
Médecin	Docteur	Monsieur Docteur
Magistrat	Monsieur le Magistrat	Monsieur Maître
Bâtonnier	Monsieur le Bâtonnier	Monsieur
Notaire ou avocat	Maître	Monsieur Maître
Directeur	Monsieur le Directeur	Monsieur le Directeur

6. L'ALCOOL ET LE TABAC EN SOCIÉTÉ

Même si vous êtes en âge de consommer des boissons alcoolisées, évitez d'en boire en public. Il arrive parfois que l'on vous offre un verre de champagne pour porter un toast. Vous ne pouvez le refuser, mais prenez soin de le déposer avant de poser pour les photos.

Il faut également s'abstenir de fumer en société, car cela risque de nuire à votre image. Une reine de beauté doit être une figure exemplaire pour la jeunesse.

7. Les manières de table

Les manières de table sont un jauge du niveau d'éducation d'une personne. Dans un concours international, on se retrouve plusieurs fois dans la journée autour d'une table. Avoir un bon comportement à ce moment-là, c'est projeter une bonne image de soi. À mon avis, il serait intéressant de se procurer un manuel complet sur les bonnes manières et l'art de manger à table. Toutefois, je mentionne plus bas certains repères de base d'une grande utilité.

- Lorsque l'on se trouve à table, on devrait adopter une posture adéquate. On se tient droite, sans s'appuyer sur le dossier de son siège et on joint les jambes, sans les croiser. Les mains doivent reposer sur la table, des deux côtés de l'assiette.

- Une fois installée à table, on prend sa serviette et on la déplie, puis, on la dépose soigneusement sur ses cuisses. On l'utilise pour essuyer le coin de ses lèvres avant de boire et après avoir bu. Lorsque l'on a fini de manger, on la dépose à droite de son assiette.

- Dans un dîner formel où la table est mise avec plusieurs couverts, on mange en les utilisant de l'extérieur vers l'intérieur et en les éliminant progressivement.

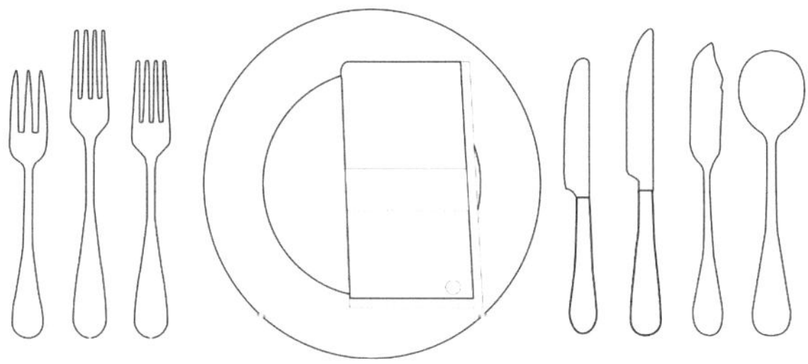

Le mode d'emploi des couverts à table : de l'extérieur vers l'intérieur

- Ne vous penchez pas vers l'avant en prenant une bouchée, portez plutôt la fourchette à la bouche.

- On n'utilise pas le couteau pour couper le pain, on le rompt avec la main.

- On ne remplit pas son assiette. Il faut faire en sorte que le mets reste dans les limites du marli (rebord interne du plat). On mange sans salir l'aile (couronne périphérique) de son assiette.

- Quand on se retrouve autour d'une table, c'est un moment idéal pour converser. Par contre, il est très impoli de parler la bouche pleine. Mangez par de petites bouchées pour que cela n'arrive pas.

- On s'excuse si l'on veut se lever de table.

- Un verre se tient à la base, et un verre à pied se tient par la tige.

Les manières de tenir son verre

- Entre deux bouchées, les couverts se placent au centre de l'assiette sans le croiser et sans que leur manche touche la table.

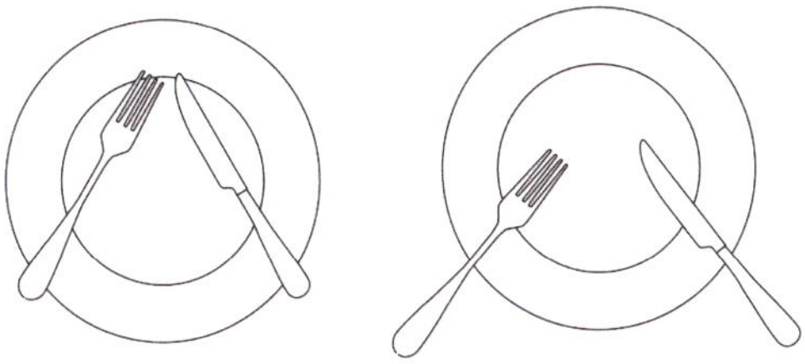

OUI NON

La position des couverts entre deux bouchées

- Quand on a fini de manger, on dispose ses couverts dans la position dite 4 h 20. La fourchette, à gauche, regarde vers le bas (culture française) ou vers le haut (culture américaine ou anglo-saxonne). La partie tranchante du couteau regarde la fourchette.

La positions des couverts en 4 h 20 après le repas

8. Comment communiquer par écrit

Un courrier électronique est moins formel qu'une lettre, cependant, grâce à son incroyable simplicité et à sa rapidité, il est devenu indispensable lors des échanges professionnels. L'e-mail possède une structure bien déterminée qui comprend des éléments-clés tels que :

- formule d'appel
- corps du message

– formule de politesse

– signature.

Si vous n'avez pas une adresse électronique professionnelle, c'est le moment d'en créer une avec votre nom et votre prénom. Évitez les e-mails fantaisistes avec lesquels vous risquez de ne pas être prise au sérieux.

– Choisissez un titre court et explicite comme objet de votre e-mail.

– Commencez votre e-mail par une salutation ou un appel approprié.

– **Si vous ne connaissez pas le destinataire**, il vaut mieux vous adresser à lui par son nom de famille, précédé de son titre : Monsieur, Madame, Mademoiselle, Docteur, etc. Il est également permis d'ajouter Cher ou Chère devant le titre.

– **Si vous connaissez son titre professionnel**, vous pouvez aussi l'utiliser. Exemple : Monsieur le Directeur.

– **Si vous ne connaissez ni le destinataire ni son titre**, vous pouvez utiliser une formule neutre telle Madame/ Monsieur. Notez que la formule de salutation doit être suivie d'une virgule.

– Après avoir rédigé le corps du message, il est recommandé d'utiliser une formule de politesse. Celle-ci dépend du niveau d'intimité avec le destinataire. Par exemple, *« Sincères salutations »* est utilisé dans un cadre plus formel que *« Cordialement »*.

– Signez, en inscrivant votre nom au complet, et ajoutez votre titre à la fin du courrier électronique.

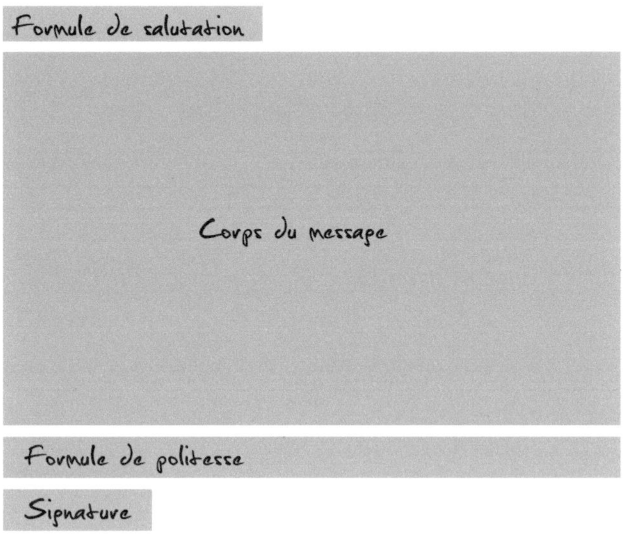

La structure du courrier électronique

CHAPITRE 13

LA PRISE DE PAROLE

Parler avec aisance en public requiert beaucoup de pratique. Dans un concours de beauté, vous aurez plusieurs fois l'occasion de parler en public ou à la presse pour vous présenter ou encore vous exprimer sur certains sujets.

1. Technique pour améliorer l'improvisation

Pour bien s'exprimer sur le vif, il faut que l'on n'improvise que partiellement. Une réponse préparée dont les arguments ont été mûris est le plus souvent de meilleure qualité qu'une réponse totalement improvisée. Toutefois, le problème qui se pose c'est qu'il est souvent impossible de savoir à l'avance à quelles questions on aura à répondre ou quand est-ce que l'on sera sollicité ; donc on risque d'être pris au dépourvu. Une solution pour améliorer sa communication orale quand on doit improviser c'est de méditer à l'avance sur les possibles questions que l'on peut vous poser dans un cadre spécifique avant même de vous présenter à l'activité à laquelle vous devez assister. C'est une manière d'avoir ses idées bien en place, ce qui servira de base pour une improvisation réussie. Une bonne technique pour mieux s'exprimer et pour que vos réponses aient plus de poids.

2. L'importance d'« ici et maintenant »

Vivre le moment présent peut être une tâche compliquée lorsque l'on est sans cesse distraite par ses pensées. Au moment de prendre la parole, il est important de faire le vide, d'arrêter tout dialogue intérieur né de votre sentiment d'insécurité et de la peur de répondre mal à une question posée. Le dialogue intérieur empêche de se concentrer et d'élaborer une réponse logique. Le principe d'« ici et maintenant » consiste à être attentive et consciente de tout ce qui se passe autour de soi au moment présent. Il faut rester calme tout en étant à l'écoute de son interlocuteur. Une manière d'arriver à cet état d'esprit c'est d'éliminer le stress lié à la nécessité de toujours donner une réponse parfaite. On s'en libère en admettant que toutes les réponses que l'on donne ne vont pas être brillantes. Certaines seront excellentes et d'autres, un peu moins, ce qui est parfaitement normal. Ne vous souciez donc pas de la qualité de votre réponse mais soyez plutôt à l'écoute pour pouvoir répondre le mieux que vous pouvez.

3. Le langage corporel

Avant même d'ouvrir la bouche, le corps parle de lui-même. À travers le langage corporel, il est nécessaire de projeter l'image d'une femme-leader, c'est-à-dire de garder le dos droit et la tête haute en tout temps, sans oublier d'établir un contact visuel avec son interlocuteur ou le public et d'avoir le sourire aux lèvres. Une bonne posture vous donnera encore plus d'assurance quand vous parlez.

4. La règle de la première pensée

Après avoir entendu la question, prenez le temps d'y réfléchir durant quelques secondes avant d'y répondre, histoire de laisser son cerveau fonctionner jusqu'à trouver son point de départ : la première pensée. Il n'est pas obligatoire de connaître la réponse en entier durant cette courte période de réflexion. Tout ce dont vous avez besoin c'est une première pensée à partir de laquelle vous développerez peu à peu le reste de votre réponse. Au moment où vous répondez à la question, il est important de garder un rythme lent, ce qui vous donnera plus de temps pour penser à la suite.

5. Structure des réponses

Durant une entrevue, même quand il s'agit d'improvisation, il faut tenter de structurer ses réponses en trois parties principales tout en restant le plus simple que possible :

- La phrase d'introduction ; elle a pour but de capter l'attention du public. Il peut s'agir d'un fait intéressant en rapport avec la question, d'une citation ou même d'une histoire personnelle.

- Le corps du sujet devrait comprendre un point et deux ou trois arguments nécessaires pour supporter celui-ci. Plus vous restez simple, mieux votre message sera compris.

– La conclusion est une partie dont il ne faut pas négliger l'importance. Pour que les autres se souviennent de votre message, il est nécessaire d'avoir une fin mémorable. C'est le moment idéal pour faire passer une morale ou encore un message de motivation.

6. Personnaliser ses réponses

Les réponses trop générales et trop communes ont tendance à ennuyer le public. Donnez une touche personnelle à vos réponses et faites découvrir votre personnalité. Partagez des anecdotes et des expériences personnelles. Lors d'une entrevue, on n'a pas besoin de répondre à toutes les questions avec le même sérieux. Certaines requièrent un peu d'humour et de gaité.

7. Avoir le contrôle de ses réponses

Lors d'une entrevue, il est important de garder à l'esprit que l'on n'est pas obligé de répondre à une question. Les possibilités d'y répondre sont nombreuses, c'est à vous d'avoir le contrôle et de décider ce que vous choisissez de partager avec votre interlocuteur ou votre public. On peut répondre à une question directement, partiellement ou encore de manière subtilement détournée. Que vous soyez une figure publique ne veut pas dire que vous devez répondre obligatoirement aux questions que vous jugez délicates ou trop personnelles.

Par contre, s'il s'agit de la question finale, lors d'un concours, il est important d'y répondre de manière pertinente, vu que votre chance de remporter la couronne en dépendra.

8. À ÉVITER

Lorsque l'on s'exprime en public, il est important d'éviter les mots et expressions de remplissage tels « euh », « eh bien », « vous savez ». Ils n'ajoutent aucune valeur à votre réponse mais servent plutôt à distraire le public. Il faut d'abord être conscient que l'on s'en sert afin de pouvoir les éliminer peu à peu, jusqu'à ce qu'ils disparaissent complètement quand on parle.

Une règle importante, en prenant la parole en public, c'est de ne jamais s'excuser. Dans la vie de tous les jours, c'est un signe de politesse. Par contre, en public c'est différent. On a tendance à s'excuser quand l'on ne connaît pas bien un sujet sur lequel on doit opiner ou encore quand on prend le contre-pied d'une idée que l'on avait commencé à élaborer. Cependant, il faut éviter de le faire car le public risque de se lasser de vous écouter. Assumez ce qui a été dit et si vous voulez changer d'argument ou le cours de votre réponse, il est bien de savoir faire des transitions pour passer d'une idée à une autre.

9. L'IMPORTANCE DE LA PRATIQUE

Avoir un coach pour les entrevues et la communication orale est primordial lorsque l'on participe à un concours de beauté. Il vous sera d'une grande aide à l'heure de répondre aux questions. Les questions finales demandent beaucoup de pratique, car les réponses doivent être simples, explicites et nécessitent d'être chronométrées ; on n'a généralement que trente secondes ou une minute.

CHAPITRE 14

OBJECTIF POUR LA FIN DU CONCOURS

Lorsque le concours prend fin, même si l'identité des juges n'est pas dévoilée, il est fort probable qu'ils soient déjà sur place pour observer les candidates. C'est le moment de tout donner et de faire ressortir le meilleur de soi pour se faire remarquer. Lorsqu'un concours de beauté dure deux semaines ou plus, il entraîne parfois un épuisement physique et mental des candidates. Toutefois, il faut rester motivée, économiser son énergie pour charmer le jury qui a en main la destinée des candidates. C'est le moment d'utiliser la formule du *kilomètre de plus,* comme dit le maître spirituel Og Mandino, ce qui consiste à vous pousser à faire plus et mieux que ce que l'on attend de vous, pour leur montrer que vous êtes réellement celle qu'ils recherchent pour être la figure emblématique de l'organisation. Ceux qui arrivent à le faire peuvent s'attendre à de grandes réussites.

1. LES RÉPÉTITIONS

Les répétitions sont amusantes, c'est le moment où l'on se rend compte que réellement le concours s'achève, moment de grand enchantement chez les candidates car le jour qu'elles attendent toutes est proche. Par contre, méfiez-vous des distractions et restez fixée sur votre objectif. Il est important de ne pas sous-estimer les répétitions pour la soirée préliminaire et la finale, pour deux raisons principales.

D'une part, le concours avance vers sa fin, donc les membres de l'organisation et le jury, probablement sur place, auront l'occasion de vous observer et de voir laquelle des candidates a ce qu'il faut pour être la nouvelle miss. Dans ce cas, soyez bien mise et bien maquillée, même si c'est pour apprendre des chorégraphies. C'est l'une des dernières chances que vous avez de pouvoir impressionner tous ceux qui sont autour de vous.

D'autre part, les répétitions sont aussi importantes, car elles permettent de distinguer qui prend le concours et le titre de miss au sérieux, qui écoute et prête attention, qui prend des notes et se préoccupe de ne pas faire des erreurs afin que le show soit réussi. En d'autres mots, elles offrent la possibilité de filtrer les candidates responsables. Sachant que le jury cherche une candidate responsable, prête à travailler avec l'organisation en question pour un an, cela dépend de chacune de donner le meilleur d'elle-même.

2. L'ENTREVUE

L'entrevue est très importante dans un concours de beauté car c'est l'étape qui permettra de montrer au jury si vous êtes une candidate réellement qualifiée pour le titre. Comme pour toute entrevue de travail, il est nécessaire de réussir l'entrevue dans un concours de beauté pour accéder au poste. C'est ici que votre intelligence, votre passion et votre volonté d'aider les autres entrent en jeu. Bien que sur scène, le jury cherche à voir une *diva* qui charme le public, durant l'entrevue il veut plutôt être ébloui par sa beauté intérieure et son intellect. Il veut voir la candidate qui peut passer ses journées à faire du volontariat et à inspirer les autres, comme la nouvelle reine de beauté qu'il va choisir aura à le faire.

Ainsi, c'est le moment d'être sincère et d'exposer votre côté humain. Il est recommandé de garder le sourire aux lèvres et un contact visuel avec les membres du jury pour leur transmettre de l'assurance et de la sympathie.

3. LA SOIRÉE PRÉLIMINAIRE ET LA FINALE

La soirée préliminaire et la finale sont ce que toutes les candidates attendent avec impatience. Au milieu du chaos émotionnel qu'elles peuvent ressentir et de la pression externe qu'elles subissent, il est impératif que chaque candidate prenne un temps pour elle. Elle doit pouvoir se retrouver complètement seule pour méditer et se rappeler les raisons qui l'ont menée jusqu'ici. Avant de monter sur scène, il est aussi souhaitable qu'elle prenne le temps de se familiariser avec la salle où aura lieu le spectacle, sa dimension et le nombre de chaises qu'elle contient. Il est également important de visualiser le spectacle de manière à savoir le plus que possible à quoi s'attendre, ce qui éliminera un stress additionnel. Pour garder son calme, il faut éviter de se mettre la pression, donc, il est nettement préférable d'être parmi les premières à se préparer, à se faire appliquer son maquillage et à se faire coiffer.

Lors du spectacle, à cause de l'intensité des lumières et aux caméras, la peau de la candidate est susceptible de dévoiler certaines imperfections, surtout en maillot de bain. Pour que celle-ci paraisse resplendissante, elle nécessitera l'application d'un maquillage corporel après avoir été bien rasée et hydratée. Une méthode simple en trois étapes pour donner un bel éclat à votre peau :

1. Appliquez un fond de teint de la même couleur que votre peau sur votre corps, spécialement sur vos jambes, vos fesses, votre ventre et sur d'autres parties pour camoufler certaines marques de bronzage ou des cicatrices.

2. Passez délicatement un peu de poudre de manière à lui donner un aspect homogène.

3. Appliquez un peu de laque à cheveux sur votre corps pour bien fixer le maquillage.

La soirée préliminaire est une soirée importante au cours de laquelle les membres du jury ont la possibilité de voir défiler toutes les candidates et de choisir leurs favorites qui, elles, auront à défiler encore le jour de la soirée finale. Il faut donc faire de son mieux durant la soirée préliminaire si on veut faire partie des finalistes. Le contact visuel avec les juges doit être le plus que possible maintenu durant le spectacle pour charmer le jury par son assurance. L'objectif de la candidate sur scène est de montrer au jury qu'elle est capable d'éblouir une audience, surtout lors de la séance de questions finales.

VOULOIR C'EST POUVOIR

Tout ce que l'on veut dans la vie, on peut l'acquérir avec un peu de volonté. Pour cela, il faut se résigner à prendre les escaliers menant au succès. Le chemin est plus long, mais en l'empruntant, on apprend à grandir et à mieux se défendre face aux obstacles qui se présentent sur notre parcours. L'important dans cette traversée est de réaliser que l'on est réellement extraordinaire et que l'on peut tout réussir si l'on a une foi inébranlable.

La plupart des gens veulent voir avant de croire. Bénits soient ceux qui croient avant de voir. Si vous pensez avoir vu un message similaire auparavant, vous l'avez probablement lu dans la Bible. Il y a des empreintes sur la lune parce que quelqu'un a cru fermement que le ciel n'est pas la limite. Le secret du succès a été dévoilé depuis la nuit des temps. Pourtant peu de personnes l'appliquent dans leur vie de tous les jours.

L'art d'être belle dans sa peau est le fruit de mon expérience en tant que Miss Haïti et première dauphine de Miss Univers 2016. Une expérience gratifiante, parce qu'elle me permet d'encourager, chaque jour, les gens autour de moi à vivre leur rêve et à croire en leurs potentialités. Une expérience qui a changé ma vie et qui, j'espère, aidera à changer la vôtre aussi. Le pouvoir n'est pas dans la couronne, mais en vous-même. Le travail commence en ce moment.

Utilisez votre voix pour contribuer au changement que vous aimeriez voir dans le monde. La route est longue, mais il y a tant à découvrir ! Attachez votre ceinture et profitez bien de cette belle aventure.

Bibliographie

CHAPITRE 6

https://dredecarlo.com/2013/10/21/beauty-pageantry-vs-fashion-modeling/amp/

CHAPITRE 7

http://www.un.org/fr/sections/observances/international-days/

CHAPITRE 9

http://travaildesfemmes.e-monsite.com/pages/i-de-1850-a-1920-un-travail-des-femmes-important-mais-non-reconnu.html

CHAPITRE 10

https://thepageantplanet.com/how-to-apply-stage-makeup-vs-interview-makeup/

CHAPITRE 11

https://www.limpopobeautymodeling.co.za/single-post/2016/09/26/Free-Pageant-Dress-Code-Tips http://www.999weddingdress.com.au/measurement/

http://www.history.com/this-day-in-history/bikini-introduced

http://www.mademoisellebikini.com/content/7-toutes-les-formes-de-maillots-de-bain

https://arsybarpy.wordpress.com/2011/01/07/hello-world/

https://aprilgolightly.com/evolution-of-monokinis/

http://www.ohmymag.com/chaussures/talons-aiguilles-compenses-plateformes-quels-talons-choisir-pour-vos-chaussures_art78602.html

http://newteen.kelio.org/2013/03/22/le-langage-de-la-chaussure/

http://www.chaussure-femmes.com/lexique-chaussure-femme-66903

https://www.focus-mode.com/7775459/un-escarpin-est-un-escarpin-une-sandale-est-une-sandale/

CHAPITRE 12

Dis-moi comment recevoir Tome 3 : savoir manger en toutes circonstances de Galy, 2011

http://www.lexpress.fr/styles/familles-royales/le-salut-a-la-foule-d-elisabeth-ii-ce-geste-a-une-signification-universelle_1798197.html

http://www.toutpratique.com/12-Savoir-vivre/72-Presenter-et-se-presenter/4693-Le-baisemain-.php

http://fr.wikihow.com/faire-les-présentations

http://bien-ecrire.fr/rediger-mail-professionnel/

CHAPITRE 13

The Magic of Impromptu Speaking de Andrii Sedniev, 2013

TABLE DES MATIÈRES

Made in United States
Cleveland, OH
11 November 2026

48015477R00079